Social Media

Soziale Netzwerke und Homepages sicher gestalten und nutzen

Rolf Schwartmann, Tobias O. Keber, Robin Mühlenbeck

2. Auflage

C.H.BECK

So nutzen Sie dieses Buch

Die folgenden Elemente erleichtern Ihnen die Orientierung im Buch:

Beispiele

Dieses Buch enthält zahlreiche Fallbeispiele, die das Gesagte illustrieren.

! Die Merkkästen enthalten Empfehlungen und hilfreiche Tipps. Werden Internetadressen angegeben und überschreitet die URL eine handhabbare Länge, wird zusätzlich eine Navigationshilfe gegeben.

Auf den Punkt gebracht

Am Ende jedes Kapitels finden Sie eine kurze Zusammenfassung des behandelten Themas.

Inhalt

Einführung

Online-Aktivitäten, Soziale Medien und ein Internetauftritt sind für viele unverzichtbar. Über 16 Millionen .de-Domains sind in Deutschland registriert. „Die Seite" ist – ebenso wie das Profil in einem Sozialen Netzwerk wie Facebook, LinkedIn, Twitter, XING und Google+ – eine moderne Form der Außendarstellung. Allein Facebook hat in Deutschland über 31 Millionen aktive Nutzer (weltweit sind es über zwei Milliarden).

Unabhängig davon, für welche Variante einer digitalen Visitenkarte man sich entscheidet: Sie kann Seriosität und Vertrauen genauso vermitteln, wie sie einen guten Eindruck verhindern oder zerstören kann. Während das Erscheinungsbild des Auftritts Geschmacksache ist, sind die rechtlichen Anforderungen an Social-Media-Profile und Webseiten festgeschrieben. Kreativität und technische Fertigkeiten sind also die eine, die Beachtung der rechtlichen Rahmenbedingungen die andere Seite. Wer sie nicht erfüllt, riskiert kostspielige Abmahnungen, Bußgelder oder setzt sich Schadensersatzansprüchen aus.

Dem entspricht die Ausrichtung dieses Ratgebers, der sowohl das Recht der Sozialen Netzwerke abbildet, sich aber auch mit Webseiten befasst.

Im täglichen Gebrauch wird der englische Begriff der „Website" sprachlich sowie technisch unzutreffend mit dem Begriff der „Webseite" und bisweilen auch mit dem der „Homepage" gleichgesetzt. Tatsächlich bezeichnet die Website (engl. site = Standort) die Gesamtheit aller Seiten (HTML), die einem Betreiber und seinem Angebot im

Rahmen seiner Domain (eng. Domain = Bereich) zugewiesen sind. Eine Website wird i. d. R. über die Homepage (die Haupt- bzw. Indexseite) „betreten". Da Ziel dieses Ratgebers die Sensibilisierung für Rechtsfragen in möglichst einfach verständlicher Weise ist, werden die Begriffe auch nachfolgend, den Gepflogenheiten der Alltagssprache Rechnung tragend, zum Teil synonym gebraucht.

Wie funktionieren Soziale Netzwerke?

Soziale Medien sind Plattformen zum Austausch der Nutzer untereinander. Viele nutzen Facebook, Twitter & Co. nur, um sich über das, was andere posten, zu informieren. Andere suchen einen Kanal um privat oder beruflich Informationen – wie Werbung – abzusenden. Der eigentliche Sinn *Sozialer* Medien liegt aber im Interagieren. Die Kommunikation in Sozialen Medien folgt aber nicht nur den Regeln der Kommunizierenden. Entscheidenden Einfluss darauf, welche Inhalte welchem Nutzer angezeigt werden, nehmen die Anbieter. Der Facebook Newsfeed Algorithmus (Edgerank) legt fest, welche Inhalte bestimmten Nutzern angezeigt werden und welche er ihnen vorenthält. Angesichts der Vielzahl der verbreiteten Informationen muss der Dienst eine Auswahl treffen. Ansonsten wird man von der Fülle der Inhalte förmlich überrollt und kann gar nichts mehr wahrnehmen. Diese Zuordnungsentscheidung wird danach getroffen, welcher Inhalt für den Nutzer aus Sicht des Algorithmus der relevanteste ist.

Seine maßgeblichen Kriterien sind **Affinity** (Beziehung), **Weight** (Gewicht) und **Decay** (Zeitpunkt). Die Affinity speist sich aus Angaben darüber, wer wann eine bestimmte Art Information wie häufig geliked, geteilt oder kommentiert hat. Weight besagt, dass Interaktionen von Meinungsführern (Influencern) z. B. Donald Trump, BILD oder eines Popstars besonders gewichtet werden. Viele Likes von Donald Trump heben also jeden im Ansehen des Algorithmus. Decay bedeutet den Zeitpunkt und stellt darauf ab, ob und wie oft ein Nutzer eingeloggt ist. Postings, die älter als eine Woche sind, dürften nicht mehr angezeigt werden.

Wo liegen die Gefahren Sozialer Netzwerke?

Jedem sollte klar sein, dass Anbieter Sozialer Netzwerke über die Auswertung des Kommunikationsverhaltens vieles über ihre Nutzer wissen. Der Dating-Dienst Tinder etwa kennt die Interessen seiner Nutzer, auch ohne dass diese sie ihm verraten müssen. Tinder lässt sich nämlich vor der Nutzung das Recht einräumen, etwa Facebook-Likes, Tinder-Chats und Instagram-Bilder zu analysieren. Das Online-Verhalten ist ein fast perfekter Spiegel der Seele und den wertet Tinder aus. Eingegebene Suchkriterien werden vom Algorithmus mit Charaktereigenschaften abgeglichen. Anhand der Übereinstimmungen (Matches) spuckt der Dienst den „optimalen Partner" aus. Solche Big Data-Auswertungen können erschreckend präzise sein. Die Nutzungsbedingungen weisen darauf hin, dass intime Daten auch in unbefugte Hände kommen können, weil sie bei Tinder nicht sicher aufgehoben – also beispielsweise nicht vor Hacks geschützt – sind. Auch den freizügigsten Fans von Onlineflirts dürfte es mulmig bei dem Gedanken werden, dass ihre intimen Vorlieben schlecht gesicherte Onlinehandelsgüter sind.

Zudem muss man sehen, dass zu allen Inhalten, die über Soziale Medien auf deren Servern bereit gestellt werden, die Anbieter der Dienste – bildlich gesprochen – den Schlüssel besitzen. Es ist so, als würde man seine Fotoalben und Tagebücher in Regale und Schränke stellen, zu denen nur Dritte auch den eigenen Zugang bestimmen, wenn es darauf ankommt.

Welche Sozialen Medien sind die wichtigsten und wie unterscheiden sie sich voneinander?

- Der Allrounder: Facebook (2,07 Mrd. Nutzer weltweit)
- Für (Hobby-)Journalisten: Twitter (330 Mio. Nutzer weltweit)
- Für Bild-Ästheten: Instagram (800 Mio. Nutzer weltweit)
- Für private Chats mit Telefonnummer: WhatsApp sowie andere Messenger-Dienste (alleine WhatsApp hat 1 Mrd. Nutzer weltweit)
- Für Kinder und Arglose: Snapchat (178 Mio. Nutzer täglich weltweit)
- Für Jobs: LinkedIN, Xing & Co. (513 Mio. Nutzer weltweit)
- Für Spezialinteressen, wie Dating (kostenlos Tinder und kostenpflichtig Parship) (mehr als 30 Mio. Nutzer weltweit)

Webseiten und Soziale Netzwerke – kein rechtsfreier Raum

Auch im Rahmen der Nutzung und Gestaltung von Webseiten gibt es Regeln, die befolgt werden müssen. Diese Regeln kann man auch als Laie nachvollziehen. Da muss es auch nicht erschrecken, dass die zugegebenermaßen zahlreichen Regeln über viele Gesetze verstreut sind und der Sinn der verwendeten Begriffe sich nicht gleich erschließt.

Die Regelungen für Webseiten und Soziale Netzwerke sind so verstreut, weil die berührten Lebenssachverhalte so unterschiedlich sind: Man wirbt, man kauft und verkauft oder bietet Dienstleistungen an, man verbreitet Meinungen und zeigt Bilder und Filme, macht sich fremde Inhalte zu eigen oder verweist auf sie – und alles ist in Sekundenschnelle weltweit verfügbar.

Mögliche Stolperfallen – eine Bestandsaufnahme

Welche rechtlichen Probleme stellen sich nun konkret rund um den Internetauftritt?

Wie darf man sich nennen?

„www.Peter-Schmitz-Büdchen-in-Köln-Nippes.de" oder doch lieber „www.Schmitz.de"? Mit dem sog. Domainnamen, also der Anschrift im Netz, fängt es an. Ein kurzer und prägnanter Name macht mich auffindbar – ein langer und komplizierter Name katapultiert meine Onlinepräsenz aus der Wahrnehmung. Das Problem ist nur: Der kurze Domainname ist garantiert belegt. Kann man gegen jemanden vorgehen, der unter dem ausgewählten Domainnamen schon eine Website betreibt, auch wenn er gar nicht Schmitz heißt? Ganz ähnlich stellt sich die Frage um Nutzerkontos auf Facebook & Co.: Auch der begehrte Nutzername ist möglicherweise schon vergeben.

Star Wars zur Begrüßung?

Wenn bei Aufruf der Website der „Imperial March" aus Star Wars erklingt und Mausklicks mit dem unverwechselbaren Atemgeräusch des „Dunklen Lords" bestätigt werden, macht das Eindruck. Darf man aber Texte, Bilder, Filme, Musik, Logos usw., die man sich im Netz „einfach so" besorgen kann, auf der eigenen Seite verwenden? Sind andererseits die von mir erstellten Texte und Fotos auf meiner Seite rechtlich davor geschützt, dass ein Dritter sie für eigene Zwecke nutzt?

Betreiberpflichten

Wer ich wirklich bin, interessiert doch niemanden. Ich kann meine Website doch auch als „Lucky Luke" betreiben oder mich bei Facebook mit „Ano Nymus" anmelden. Oder etwa nicht? Was ist ein Impressum und was muss dort aufgenommen werden? Und wie steht es um den Datenschutz? Darf man auf seinen Seiten Werkzeuge zur Reichweitenanalyse einsetzen und was genau ist eigentlich eine IP?

Diskutieren 2.0

Über eine Webseite oder eine Statusmeldung in Sozialen Netzwerken kann man sich mit anderen austauschen. Man wird zum „Talkmaster" und alle diskutieren mit. Was ist, wenn richtig geflucht und beleidigt wird? Haftet man für fremde rechtswidrige Einträge in seinem Forum? Was ist in Sozialen Netzwerken erlaubt? Darf der Forenbetreiber es überhaupt zulassen, dass Dritte Bilder hochladen und Links gesetzt werden?

Werben und Geschäfte im Internet

Im Netz kann man jedem zeigen, was man kann. Es ist das virtuelle Tor in die Welt der unbegrenzten Möglichkeiten. Aber gibt es nicht auch dort rechtliche Grenzen, etwa für Werbung? Darf man Newsletter und Werbe-E-Mails verschicken? Darf man auf der Homepage zu Werbezwecken einfach Banner oder Pop-ups platzieren? Wie steht es um Keyword Advertising und Metatags?

Nach der Werbung beginnt das Geschäft. Worauf ist zu achten, wenn man über die Website Geschäfte oder Waren anbieten will? Sei es ein Auto, eine Karte für ein Fußballspiel, der Inhalt des Kellers, ein Haarschnitt oder eine Anstreicherarbeit. Kommt es überhaupt darauf an, welche Produkte man anbietet? Was hat es mit der Widerrufsbelehrung auf sich, von der man immer wieder liest?

Erste Hilfe, wenn etwas schiefgelaufen ist

Es gibt erfreulichere Schreiben als eine Abmahnung. Was aber genau ist eine Abmahnung, wie reagiert man als Abgemahnter und wann schickt man gegebenenfalls selbst ein Abmahnschreiben an einen Dritten?

Auf den Punkt gebracht

„Disclaimer"

Eine umfassende Darstellung aller Rechtsprobleme im Zusammenhang mit Social Media, Homepages & Co. auf übersichtlichem Raum ist unmöglich. Dieser Ratgeber muss sich daher auf die in der Praxis besonders relevanten Fragestellungen beschränken. Zu beachten ist weiter, dass die Rechtsprechung in vielen Bereichen noch im Fluss ist. In der Rechtsprechung noch nicht abschließend geklärte Fragen werden hier jeweils als solche gekennzeichnet.

Domain und Nutzerkonto

Eine Homepage für Herrn Bosch

Herr Bosch ist vor Kurzem von Hamburg nach Köln gezogen. Um Familie und Freunde über sich auf dem Laufenden zu halten, möchte er auf einer eigenen Homepage über seine Erlebnisse in seiner neuen Heimat berichten. Er will sich eine Homepage einrichten.

Was ist eine Domain?

Top-Level- und Second-Level-Domains

Die Homepage ist das virtuelle Aushängeschild des Seiteninhabers. Andere Internetnutzer erreichen sie über eine

Adresse, die man Internetdomain nennt. Das ist die Anschrift des eigenen Internetbereichs, also etwa www.bosch.de. Die Domain (z. B. „bosch.de") besteht aus einer **Top-Level-Domain** („.de") und einer **Second-Level-Domain** (im Beispiel „bosch"). Die übergeordnete Top-Level-Domain kann einem Land zugeordnet sein („.de" für Deutschland). Man nennt sie dann „Country Code Top-Level-Domain". Es gibt auch nicht länderspezifische (generische) Top-Level-Domains wie „.com", „.net" oder „.info". Die Verwaltung der Top-Level-Domains (und die Klärung der Frage, ob eine neue Top-Level-Domain, z. B. „.xxx" eingeführt werden soll) erfolgt durch die ICANN (Internet Corporation for Assigned Names and Numbers). Dies ist eine Einrichtung mit Sitz in den USA.

Hinter einer Internetdomain verbirgt sich eine IP-Adresse (= Internetprotokoll-Adresse). Eine solche ist jedem an das Internet angeschlossenen Computer dauerhaft (statisch) oder vorübergehend (dynamisch) zugeordnet. Sie besteht aus einem Zahlencode und ist – bildlich gesprochen – die exakte Postanschrift des Rechners. Um dem Zahlencode einen Namen wie www.bosch.de zuordnen zu können, den man sich viel besser als die Zahlenfolge merken kann, verknüpft das Domainnamen-System IP-Adresse und Namen miteinander.

Woher bekommt man eine Domain?

Die Vergabe der Domains unterhalb einer Top-Level-Domain übernimmt eine zentrale Registrierungsstelle. Für Deutschland („.de") ist das die DENIC e. G. (Deutsches Network Information Center) mit Sitz in Frankfurt am Main.

! Eine Anleitung für das Registrieren einer .de-Domain finden Sie unter:
https://www.denic.de/domains/de-domains/registrierung/
(Navigationshilfe: Startseite www.denic.de – Domains-.de.-Domains – Registrierung)

Die DENIC überprüft auf Antrag, ob ein gewünschter Domainname noch frei ist, und teilt diesen dann zu. Dabei gilt grundsätzlich der **Prioritätsgrundsatz** – „Wer zuerst kommt, mahlt zuerst". Die DENIC kontrolliert aber nur, ob der Domainname tatsächlich noch nicht anderweitig vergeben ist. Sie überprüft nicht, ob der Name auch in rechtlicher Hinsicht frei ist. Die Verantwortung für etwaige Rechtsverletzungen liegt somit beim Domaininhaber. Nur bei offensichtlichen Rechtsverletzungen kann die DENIC die Registrierung der Domain verweigern.

Was muss ich bei der Wahl des Domainnamens beachten?

Die richtige Domain für Herrn Bosch

Herr Bosch möchte für seine Homepage „bosch.de" registrieren lassen. Die DENIC stellt fest, dass die Domain noch nicht vergeben ist, und registriert hierfür Herrn Bosch. Kann Herr Bosch die Domain „bosch.de" rechtmäßig nutzen?

Wenn Herr Bosch „bosch.de" auf sich registrieren lässt, kann hierin – auch wenn der Domainname noch frei ist –

ein Verstoß gegen Rechte anderer liegen. Dritte können Unterlassungs- und Schadensersatzansprüche gegen Herrn Bosch zustehen, wenn sie ein vorrangiges Recht haben, den Herrn Bosch zugewiesenen Domainnamen zu verwenden. Herr Bosch muss die Adresse dann freigeben und möglicherweise Schadensersatz leisten. Das klingt merkwürdig, liegt aber daran, dass bei der Domainvergabe verschiedene Rechtsbereiche tangiert sind. Man kann gegen das

- Markenrecht,
- das Namensrecht und
- das Wettbewerbsrecht

verstoßen.

Das Markenrecht

Das Markengesetz schützt Marken und geschäftliche Bezeichnungen gegen eine Benutzung durch Dritte.

Wann sind Marken geschützt?

Marken kennzeichnen Produkte. Als Marke können Zeichen – also insbesondere Wörter einschließlich Personennamen, Abbildungen, Buchstaben, Zahlen, sogar Farben – geschützt werden, wenn das Zeichen **Unterscheidungskraft** besitzt. Es muss also geeignet sein, Waren oder Dienstleistungen eines Unternehmens von Waren oder Dienstleistungen anderer Unternehmen zu unterscheiden. Der Schutz entsteht zum einen durch Eintragung als Marke in das Markenregister beim Deutschen Patent- und Markenamt („Registermarke"). Markenschutz kann aber auch durch die Benutzung eines

Zeichens im geschäftlichen Verkehr entstehen, wenn es in den einschlägigen Kreisen hinreichend bekannt ist („Benutzungsmarke"). Daraus folgt, dass die bloße Registrierung einer Internetdomain noch keinen markenrechtlichen Schutz begründet.

Das Markengesetz schützt auch geschäftliche Bezeichnungen, also Unternehmenskennzeichen wie Firmennamen („Bosch") oder Werktitel von Büchern („Die Blechtrommel"), Filmen („Das Boot") oder Liedern („Yesterday"). Diese Bezeichnungen dienen im Geschäftsverkehr zur Unterscheidung und setzen eine entsprechende Kennzeichnungskraft voraus.

Rechte des Inhabers

Man muss unterscheiden, ob eine Marke geschäftlich oder privat gebraucht wird.

Bei **geschäftlichem Handeln** darf der Inhaber einer Marke grundsätzlich jedem Dritten untersagen, ein Zeichen zu benutzen, das mit seiner geschützten Marke identisch ist und eine identische Ware oder Dienstleistung kennzeichnet. Wer das Markenrecht schuldhaft, etwa bewusst oder aus Unachtsamkeit, verletzt, ist gegenüber dem Markeninhaber zu Unterlassung und, wenn dieser einen Schaden nachweist, auch zu Schadensersatz verpflichtet. Entsprechendes gilt, wenn ein Dritter unbefugt eine geschäftliche Bezeichnung so benutzt, dass Verwechslungen mit der geschützten Bezeichnung auftreten können. Nutzt der Website-Betreiber eine fremde Marke oder geschäftliche Bezeichnung im Geschäftsverkehr, so kann deren Inhaber hiergegen rechtlich vorgehen. Natürlich kann auch im geschäftlichen Verkehr dem Betreiber der Website grundsätzlich nicht untersagt werden, seinen eigenen Namen oder seine eigene Anschrift als Domainnamen zu verwenden.

Bei **privatem Handeln** sieht es anders aus: Ansprüche nach dem Markengesetz setzen nämlich die Benutzung im geschäftlichen Verkehr voraus. Der unberechtigte Verwender muss also im Rahmen einer wirtschaftlichen Tätigkeit handeln. Gegen den Betreiber einer rein privaten Homepage kann also nicht wegen der Verwendung einer geschützten Marke oder Geschäftsbezeichnung vorgegangen werden. Es kommen dann aber Ansprüche aus einem Namensrecht in Betracht.

Verstößt Herr Bosch gegen das Markenrecht?

Wenn Herr Bosch „bosch.de" ausschließlich für seinen privaten Internetauftritt verwendet, kann die Inhaberin der Marke „Bosch" Herrn Bosch markenrechtlich nicht in Anspruch nehmen.

Markenrechtlich problematisch kann auch die Nutzung eines Hashtags auf Twitter oder Facebook sein.

Im Sommer 2016 war folgende Schlagzeile zu lesen: „Olympia: Wegen Hashtag «Rio2016»: DOSB erwägt rechtliche Schritte." In dem dazugehörigen Artikel hieß es, der Deutsche Olympische Sportbund (DOSB) sowie das Internationale Olympische Komitees IOC hätten überlegt, gegen inoffizielle Sponsoren wegen der Nutzung des Twitter-Hashtags „Rio2016" vorzugehen.

Für Rio2016 ist tatsächlich eine Unionsmarke zu Gunsten des IOC eingetragen. Vor diesem Hintergrund stellte sich bei Verwendung des Hashtags Rio2016 durch Dritte die

Frage, wann dies eine markenmäßige und damit zustimmungspflichtige Verwendung darstellte. Jedenfalls soweit der Hashtag im Rahmen redaktioneller Berichterstattung über die Sportveranstaltung verwendet wurde, war dies nicht erforderlich.

Wie kann man nun geschäftlich von privat unterscheiden?

Geschäftlich ist, was *irgendwie* zur Förderung eines beliebigen eigenen oder fremden Geschäftszwecks dient. Davon ist jede selbstständige, wirtschaftlichen Zwecken dienende Tätigkeit im weitesten Sinne erfasst. Weder das Bestehen eines Gewerbebetriebs, einer Gewinnabsicht, Entgeltlichkeit oder ein Wettbewerbsverhältnis sind zwingend erforderlich, um von geschäftlicher Benutzung zu sprechen.

! Vor Anmeldung einer Domain ist es ratsam, in den Markenregistern des Deutschen Patent- und Markenamts (DPMA), des Harmonisierungsamts für den Binnenmarkt (HBMA) und der World Intellectual Property Organization (WIPO) zu recherchieren, ob die gewünschte Domain oder der Nutzername als Marke schon anderweitig geschützt ist.

Das Namensrecht

Grundsätzlicher Namensschutz

Namen sind vor einem unberechtigten Gebrauch durch Dritte geschützt. Das Recht an einem Namen steht aber jedem zu, der diesen Namen rechtmäßig trägt. Personen mit demselben Namen können daher grundsätzlich nicht die Benutzung des Namens durch andere Namensinhaber unterbinden. Bei der Domainvergabe gilt aber auch hier der **Prioritätsgrundsatz** („Wer zuerst kommt, mahlt zuerst"). Von mehreren Personen mit demselben Namen ist also derjenige berechtigt, der seine Domain zuerst registrieren lässt.

Namensschutz bei bekannten Namensinhabern

Anders verhält es sich bei bekannten Namen. Wer als Namensinhaber im Inland überragend bekannt ist, kann gegenüber einer gleichnamigen Privatperson ein Vorrecht haben. Das gilt auch dann, wenn dieser die Domain zuerst hat registrieren lassen. Der Prioritätsgrundsatz wird in diesem Fall durchbrochen. Grund: Der überwiegende Teil der Internetnutzer geht bei Eingabe der entsprechenden Domain davon aus, die Seite des bekannten Namensinhabers aufzurufen – und nicht die einer unbekannten anderen Person.

Bekannte Namensinhaber können prominente Privatpersonen, aber auch der bekannte Elektrogerätehersteller Bosch sein. Bosch kann die Löschung der Registrierung durch den unbekannten Herrn Bosch verlangen und die Domain „bosch.de" anschließend für sich selbst registrieren lassen.

Möglicherweise muss der bekannte Namensinhaber den unbekannten registrierten Namensinhaber erst auf Löschung verklagen. Um den Namen zu reservieren, hilft ein sogenannter Dispute-Eintrag bei der DENIC, der den Domainnamen bis zum Abschluss des Rechtsstreits für den Antragsteller schützt.

! Das Antragsformular für einen Dispute-Eintrag ist abrufbar unter:
https://www.denic.de/service/dispute/

Das Wettbewerbsrecht

Irreführung

Ein Onlineversandhaus lässt den Domainnamen „freibier.de" auf sich registrieren, um Nutzer auf seine Seite zu locken. Freibier gibt es dort bedauerlicherweise nicht.

Das Wettbewerbsrecht schützt und regelt den freien Wettbewerb zwischen Unternehmen. Unter wettbewerbsrechtlichen Gesichtspunkten darf eine Domainregistrierung nicht irreführend sein. Insbesondere bei der Verwendung von Gattungsbegriffen darf kein unzutreffender Eindruck hervorgerufen werden. Im Fallbeispiel muss man wohl davon ausgehen, dass bewusst getäuscht wird, um Kunden auf die Website zu locken („**Kanalisierung von Kundenströmen**"). „freibier.de" wäre also unzulässig. Wettbewerbsrechtliche Ansprüche können jedoch nicht von jedermann, sondern nur von Mitbewerbern, Verbraucherzentralen und vergleichbaren Einrichtungen geltend gemacht werden.

Versucht ein Domaininhaber, sich der Haftung dadurch zu entziehen, dass er gegenüber der DENIC einen falschen Namen oder eine nicht existierende Gesellschaft angibt, so stellt sich die Frage, wer für mögliche Rechtsverletzungen haftet. In Betracht kommt dann die Haftung des administrativen Ansprechpartners (**Admin-C**). Dies ist die vom Domaininhaber bei Registrierung benannte natürliche Person, die als sein Bevollmächtigter berechtigt und gegenüber der DENIC auch verpflichtet ist, sämtliche die Domain betreffenden Angelegenheiten verbindlich zu entscheiden. Für jede Domain kann nur ein Admin-C benannt werden. Sofern der Domaininhaber oder ein Mitinhaber eine natürliche Person ist, steht es ihm frei, selbst die Funktion des Admin-C zu übernehmen. Der DENIC sind Name, Anschrift, Telefonnummer und E-Mail-Adresse des Admin-C mitzuteilen (Ziffer VIII der DENIC-Domainrichtlinien).

Nach der Rechtsprechung des Bundesgerichtshofs kommt eine Haftung des Admin-C unter bestimmten Umständen (besondere Prüfungspflichten wurden verletzt und es treten besondere gefahrenerhöhende Umstände hinzu) in Betracht, sodass man sich nicht unbesehen als Admin-C zur Verfügung stellen sollte.

Domainhandel und Domain-Grabbing

Darf man mit Domains handeln?

gocacola.de

Herr Bosch hat die Idee, die Domain „gocacola.de" und „gocacola.com" auf sich registrieren zu lassen. Er will sie dann dem Getränkehersteller für ein Vielfaches seiner Kosten anbieten. Er geht davon aus, dass Coca-Cola daran interessiert ist, sie wie cocacola.de zu erwerben, um Interessenten auch bei fehlerhaftem Eintippen auf seine Seite zu leiten.

Der Handel mit Domains ist grundsätzlich zulässig und mittlerweile ein eigenständiger Wirtschaftszweig. Unzulässig ist der Handel aber dann, wenn ein sog. **Domain-Grabbing** vorliegt. Davon spricht man, wenn ein namens- und/oder markenrechtlich Nichtberechtigter einen Domainnamen nur deshalb registrieren lässt, um ihn später gewinnbringend verkaufen zu können. In Deutschland sind diese Fälle stark zurückgegangen, weil die Rechtsprechung eine Registrierung zu diesem Zweck für sittenwidrig hält und Unterlassungs- und Schadensersatzansprüche bejaht.

Schiedsverfahren

Domainrechtliche Streitigkeiten werden in Deutschland vor den ordentlichen Gerichten (je nach Streitwert erstinstanzlich Amts- oder Landgerichte) verhandelt.

Für „.com" oder „.net" kann daneben und unabhängig von dem Gerichtsverfahren ein Schiedsverfahren durchgeführt werden. Dies basiert auf Regeln der für die Verwaltung der Top-Level-Domains zuständigen ICANN (Internet Corporation for Assigned Names and Numbers). Ein solches Schiedsverfahren ist vergleichsweise kostengünstig und kann u. a. bei der World Intellectual Property Organization (WIPO) durchgeführt werden. Vorteil dieser Verfahren ist, dass eine schnelle Entscheidung ergeht und spezialisierte Schiedsrichter entscheiden.

> **!** Informationen zu diesem Verfahren sowie Beschwerdeformulare sind abrufbar unter:
> http://www.wipo.int/amc/en/domains/

Welche Regeln gelten für Nutzerkonten?

Ein Profil für Firma Fuchs

Ricarda Fuchs lebt in Wiesbaden und betreibt dort ein Fachgeschäft für exklusive Laufsportmode. Sie firmiert unter „Laufsport Fuchs – Ihr Laufprofi Rhein-Main" und möchte nun auch im Internet durchstarten. Homepages hält sie für Schnee von gestern und meldet sich bei einem Sozialen Netzwerk an.

Die „Hausregeln"

Frau Fuchs muss zunächst einen Account anlegen, sich also bei dem Social-Media-Portal registrieren. Vorab wird sich Frau Fuchs überlegen, ob die Präsenz eher beruflich-professionell oder eher privat genutzt werden soll.

Die Unterscheidung zwischen beruflich und privat kann auch im Rahmen der Hausregeln (Nutzungsbedingungen) relevant werden, denen Frau Fuchs im Rahmen des Registrierungsprozesses zustimmen muss. Facebook etwa unterscheidet ein Privatkonto mit persönlichem Profil (kommerzielle Kommunikation über das persönliche Profil ist unzulässig) und ein Unternehmenskonto, das mit einer Unternehmensseite verknüpft ist (kommerzielle Kommunikation über diese Seiten ist zulässig). In jedem Fall sollte Frau Fuchs die zum Teil sehr ausführlichen Nutzungsbedingungen aufmerksam lesen.

Der Account

Eine Person – zwei Profile

Frau Fuchs hat sich entschieden, auf Facebook ein privates Profil zu erstellen, um mit Freunden und Bekannten in Kontakt zu bleiben. Um sich ein Stück Anonymität zu bewahren, registriert sie sich mit ihrem Spitznamen „Sam Fox". In einem zweiten Schritt richtet sie ein gesondertes Unternehmenskonto ein. Diesmal gibt sie ihren richtigen Namen an. Über das Unternehmenskonto möchte Frau Fuchs später die Facebookseite „Laufprofi-Rhein-Main" einrichten.

Ähnlich wie Domainnamen können auch Nutzernamen (auch als „Accountname" oder kurz „Account" bezeichnet) eines Social-Media-Dienstes nur einmal vergeben werden.

! Ob der gewünschte Nutzername auf einem der gängigen Social-Media-Portale noch frei ist, lässt sich über den Dienst unter http://www.namecheck.com/ ermitteln.

Wie ein Domainname hat auch der Name eines Accounts eine kennzeichnende Funktion. Auch bei der Wahl des Nutzernamens sind daher Marken- und Namensrechte sowie das Wettbewerbsrecht und die oben dargestellten Grundsätze zu beachten.

Frau Fuchs' Account und das Namensrecht

Dass Frau Fuchs sich mit dem Namen einer britischen Popsängerin angemeldet hat, ist namensrechtlich problematisch. Eine unzulässige Namensanmaßung liegt vor, wenn ein Nichtberechtigter einen fremden Namen als Nutzernamen verwendet und dadurch eine **Zuordnungsverwirrung** *auslöst. Das wird man hier annehmen können. Weder der Umstand, dass Frau Fuchs übersetzt eine Frau Fox wäre, noch dass Frau Fuchs einen entsprechenden Spitznamen während der Schulzeit hatte, räumen ihr eine Rechtsposition ein, die ihr die Verwendung dieses Nutzernamens gestattet.*

Frau Fuchs verstößt durch die Wahl des Pseudonyms zugleich gegen die Nutzungsbedingungen von Facebook, in denen es heißt: „Du wirst keine falschen persönlichen Informationen auf Facebook bereitstellen oder ohne Erlaubnis ein Profil für jemand anderes erstellen."

In der Rechtsprechung ist bisher nicht abschließend geklärt, ob dieser in den Nutzungsbedingungen von Social-Media-Diensten angelegte „**Klarnamenzwang**" gegen das Datenschutzrecht verstößt.

Die Problematik wird in der Praxis teilweise dadurch entschärft, dass Facebook den Klarnamenzwang insofern lockerte, indem fortwährend Nutzern die Möglichkeit gegeben wurde, den Namen anzugeben, unter dem „andere Leute sie kennen". Damit steht die Verwendung von Spitznamen im Rahmen von Nutzerprofilen nunmehr wohl im Einklang mit den Hausregeln von Facebook. Damit folgt Facebook dem Trend anderer Anbieter wie Google+ oder Twitter, die Vorgaben hinsichtlich der Verwendung von Klarnamen zu lockern.

Account Grabbing

Fanseite bereits vergeben – was nun?

Frau Fuchs staunt nicht schlecht, als sie feststellen muss, dass die Facebook-Fanseite „Laufprofi-Rhein-Main" bereits vergeben ist. Der Laufsportladen „Isengrins Running Planet" in Mainz bietet dort Laufkleidung von „Laufprofi zu Laufprofi" an. Frau Fuchs meint, das gehe nicht an, da es im Rhein-Main-Gebiet nur einen Laufprofi gebe, und zwar sie mit ihrem Laden in Wiesbaden. Unter allen rechtlichen Gesichtspunkten möchte Frau Fuchs daher gegen die Fanpage vorgehen.

Wie bei Domains ist bei Accounts und letztlich auch bei Facebook-Seiten (Fanpages) denkbar, dass diese allein zu dem Zweck registriert und eingerichtet werden, um sie dem namens- oder markenrechtlich Berechtigten später gegen Zahlung eines „Lösegeldes" zum Verkauf anzubieten. Hierin kann eine vorsätzliche sittenwidrige Schädigung (§ 826 BGB) oder eine gezielte Behinderung im Sinne des Lauterkeitsrechts (§ 4 Nr. 4 UWG) liegen, die zu einem Vorgehen gegen den Inhaber des Accounts oder der Fanpage berechtigt.

Dem Beispielsfall ist aber nicht zu entnehmen, dass eine Schädigungsabsicht auf Seiten des Anbieters in Mainz besteht. Vielmehr bietet auch dieser entsprechende Artikel an. Dennoch könnte man die Fanpage deshalb als unlauter beurteilen, weil der Betreiber auf seiner Website den Eindruck einer Allein- oder Spitzenstellung („Laufprofi") vermittelt. In der domainrechtlichen Judikatur wird in ähnlichen Konstellationen ein klarstellender Hinweis auf der Website gefordert. Ähnlich heißt es in Ziffer II. A. i) der Nutzungsbedingungen für Facebook-Seiten: „Seitennamen dürfen nicht nur aus allgemeinen oder beschreibenden Begriffen bestehen (z. B. 'Bier' oder 'Pizza')." Dies tut das Angebot von „Isengrins Running Planet" auch nicht – vielmehr wird der Begriff „Laufprofi" über die zusätzliche Angabe „Rhein-Main" konkretisiert. Frau Fuchs kommt daher mit der Anmeldung ihrer Fanpage schlichtweg zu spät.

Auf den Punkt gebracht

- Freie Internetdomains mit der Top-Level-Domain „.de" können bei der DENIC registriert werden.
- Für die Vergabe gilt grundsätzlich der Prioritätsgrundsatz. Dieser kann ausnahmsweise durchbrochen werden, bspw. bei prominenten Namensinhabern.
- Bei der Wahl der Domain ist auf geschützte Marken und Namen sowie auf wettbewerbsrechtliche Regeln zu achten.
- Ähnliche Probleme wie im Domainrecht können bei Vergabe des Nutzeraccounts für Social-Media-Portale entstehen.

Homepage und Social Media: Die Rechtslage

Herr Bosch gestaltet seine Homepage

Herr Bosch hat seine Domain und befasst sich im nächsten Schritt mit inhaltlichen Fragen. Er richtet auf seiner Homepage Rubriken ein, die er mit Inhalten füllen will.

Für seine Rubrik „Bosch intim" nimmt er ein Bild auf, das seine Bekannte Frau Schmitz auf seiner privaten Geburtstagsfeier zeigt, wie sie sich in erkennbar alkoholisiertem Zustand übergibt. Unter dem Bild steht zu lesen: „So feiert Frau Erna Schmitz aus Köln mit ihren 50 Jahren." Zudem verlinkt er unter dem Begriff „Boschs Partytalk" ein selbst aufgenommenes Audiofile, das Partygespräche seiner Gäste wiedergibt. Unter „So finden mich meine Freunde" ist ein Link hinterlegt, der auf eine Unterseite verweist, auf der Herr Bosch ausgewählte Inhalte von Geburtstagskarten wiedergibt, die seine Gäste ihm mitgebracht haben.

Unter der Rubrik „Bosch macht Zoff" will Herr Bosch als engagierter Atomkraftgegner seiner Überzeugung Ausdruck verleihen. Er verfremdet das Logo eines Energieunternehmens und verknüpft es bildlich mit einem Anti-Atomkraft-Zeichen.

Zugleich nimmt er in eine Rubrik „Wissenswertes über die Domstadt" die Information auf, dass die Kölner Schildergasse an einem durchschnittlichen Samstagnachmittag stündlich 13.000 Passanten durchqueren. Er schätzt, dass darunter so um die 100 Taschendiebe sind, und fügt hinzu, dass zu diesen leider auch Frau Schmitz zähle.

Schließlich weist er in der Rubrik „Die schönste Stadt Deutschlands“ darauf hin, dass er sehr froh sei, in Köln zu leben, weil dort mit Lukas Podolski auch Deutschlands bester Fußballer zu Hause sei. Er veröffentlicht dazu unter der Überschrift „Stimmung“ ein selbst geschossenes Foto, das einen Ausschnitt der Südkurve im Stadion zeigt. Es ist eine Gruppe jubelnder Fans abgebildet, die teilweise zu erkennen sind, von denen aber keiner als Person hervorsticht. Auch stellt er ein Foto ein, das eine Frau porträtiert, die im Kölner Rosenmontagszug mitgeht.

Darf Herr Bosch diese Inhalte auf seiner Homepage veröffentlichen?

Eine Website ist für jedermann öffentlich zugänglich. Gleiches gilt grundsätzlich auch für Inhalte auf Social-Media-Plattformen, auch wenn sich deren Adressatenkreis gegebenenfalls leicht einschränken lässt. Wird dort über Personen berichtet oder werden Fotos eingestellt, ist das eine öffentliche Darstellung. Man muss die Rechte der betroffenen Personen beachten. Auf der anderen Seite hat Herr Bosch aber auch das Recht, seine Meinung öffentlich zu äußern und zu verbreiten. Dazu eignet sich die Homepage. Es stehen sich also Meinungsäußerungsfreiheit und Persönlichkeitsrecht gegenüber. Wenn Herr Bosch mit seinen Aussagen Dritten zu nahe tritt, werden diese sich beschweren und gegebenenfalls gerichtliche Hilfe in Anspruch nehmen.

Meinungsfreiheit

Für jeden von uns ist es elementar, seine Meinung zu äußern und sich mitzuteilen. Das Bundesverfassungsgericht begreift die Meinungsäußerungsfreiheit sogar als Grundlage jeder Freiheit überhaupt, weil sie unmittelbarster Ausdruck der menschlichen Persönlichkeit in der Gesellschaft ist.

Wie weit Äußerungen geschützt sind, hängt zunächst ganz entscheidend davon ab, ob Tatsachen oder Meinungen verbreitet werden.

Tatsache oder Meinung?

Eine Meinungsäußerung ist immer eine persönliche Wertung und ist als solche weder gut noch schlecht. Sie kann auch nicht wahr oder falsch sein; es lässt sich nicht beweisen. Das unterscheidet sie von einer Tatsachenbehauptung. Auf Homepages und Social-Media-Seiten werden häufig Meinungen und Tatsachen verbreitet.

Herrn Boschs Meinungen und Behauptungen

Herr Bosch äußert eine kritische Meinung zur Atomenergie sowie dazu, wer für ihn der beste deutsche Fußballspieler ist. Die Information über die Passanten der Schildergasse ist demgegenüber eine Tatsachenbehauptung. Die Schätzung der Zahl der Taschendiebe ist wieder eine Meinungsäußerung. Dass Frau Schmitz auch eine Diebin ist, kann eine Tatsachenbehauptung sein. Das wäre dann der Fall, wenn die Aussage etwa durch ein rechtskräftiges Urteil gegen Frau Schmitz wegen Diebstahls belegt wäre. Sie kann aber auch eine Meinungsäußerung darstellen, nach dem Motto: Frau Schmitz stiehlt wie ein Rabe. Diese Aussage wäre nicht als Tatsachenbehauptung einzustufen, sondern als Werturteil, das den Ruf von Frau Schmitz schädigen soll.

Grenzen der Meinungsfreiheit

Die Meinungsfreiheit ist nicht grenzenlos gewährleistet, sondern wird durch die Rechte Dritter beschränkt. Eine unverhältnismäßige Diskreditierung durch eine Meinungsäußerung verbietet das Recht.

Während Tatsachenbehauptungen grundsätzlich zu dulden sind, wenn sie wahr sind, verhält es sich bei Meinungsäußerungen anders. Die in ihnen enthaltenen Wertungen dürfen nicht gegen ein Recht verstoßen, das im konkreten Fall schwerer wiegt als die Meinungsfreiheit. Unabhängig davon, ob Frau Schmitz als Diebin verurteilt wäre, dürfte Herr Bosch nicht behaupten, sie stehle wie ein Rabe. Die darin liegende Ehrverletzung wiegt als Beleidigung stärker als die Meinungsfreiheit.

Auch eine sog. **Schmähkritik** ist unzulässig. Sie liegt vor, wenn nicht mehr die Auseinandersetzung in der Sache, sondern die Diffamierung einer Person im Vordergrund steht. Die Messlatte für die Annahme einer solchen Schmähung liegt aber äußerst hoch. Wie schwierig die Beantwortung der Frage, ob eine Schmähkritik vorliegt oder nicht, in der Praxis sein kann, zeigt der „Fall Böhmermann". Indem der Moderator Jan Böhmermann in seiner Fernsehsendung ein „Schmähgedicht" verlas, in dem er den türkischen Staatspräsidenten Erdogan offen beleidigte, überschritt dieser nach Auffassung des Gerichts die Grenzen der Meinungsfreiheit, so dass wesentliche Teile des „Schmähgedichts" verboten wurden. Demgegenüber wurde die Bezeichnung einer Politikerin der Partei Alternative für Deutschland als „Nazi-Schlampe" in der Satire-Sendung extra3 unbeanstandet gelassen. Die Politikerin hatte nämlich zuvor geäußert, dass „die Political Correctness auf den Müllhaufen der Geschichte" gehöre, so dass die Äußerung als Witz über Political Correctness wegen des Sachbezuges zulässig war. Beim „Sodomiegedicht" fehlt es daran.

Ehrverletzungen in Sozialen Netzwerken

Veröffentlichung privater Mails bei Facebook

Gerade in Sozialen Netzwerken geraten die Meinungsfreiheit und das Persönlichkeitsrecht oftmals in Konflikt. So musste sich der Schauspieler Til Schweiger vor Gericht verteidigen, weil er eine private Facebook-Nachricht einer Nutzerin samt ihres Klarnamens bei Facebook veröffentlichte und spöttisch kommentierte. Hinsichtlich der Frage, ob das Veröffentlichen einer privaten Nachricht eine Persönlichkeitsrechtsverletzung der Nutzerin darstellt, äußerten sich die Richter dahingehend, dass dies zwar der Fall sei, die Veröffentlichung der Nachricht aber von dem Informationsinteresse und dem Recht auf Meinungsfreiheit des Schauspielers gedeckt sei. Denn die Nutzerin habe sich in der privaten Nachricht kritisch über den Schauspieler geäußert und müsse sich daher ebenfalls einer Kritik und öffentlichen Diskussion stellen. Die Klage der Facebook-Nutzerin wurde in erster Instanz abgewiesen.

Ehrverletzung durch Like-Button und Teilen von Beiträgen bei Facebook

Das Recht der persönlichen Ehre ist darüber hinaus im Rahmen Sozialer Netzwerke auch Thema bei der Benutzung des Like-Buttons und Teilens von Beiträgen bei Facebook. Ein

Schweizer Gericht entschied, dass sich ein Nutzer wegen übler Nachrede strafbar mache, wenn dieser beleidigende Äußerungen mit dem Like-Button markiere. Denn der Nutzer habe durch das Liken die geäußerten Inhalte befürwortet und sich somit zu eigen gemacht.

Die deutschen Gerichte sind demgegenüber zurückhaltender. So entschieden sie, dass beim Teilen von Beiträgen auf Facebook kein Zueigenmachen der Inhalte durch den Nutzer vorliege. Vielmehr werde damit lediglich auf Inhalte hingewiesen, ohne gleichzeitig eine eigene Wertung abzugeben.

Es ist also stets sorgsam zu prüfen, ob es sich bei Beiträgen in Sozialen Netzwerken um ehrverletzende oder illegale Inhalte handelt, da hier im Einzelfall genau unterschieden werden muss, ob bloß auf fremde Meinungen hingewiesen oder sich die Meinung zu eigen gemacht wurde.

Zensur?

Kommentar nicht freigeschaltet

Auf einer Website beklagt ein Nutzer: „Immer wieder, wenn ich bei Spiegel Online einen kritischen Kommentar abgebe, wird dieser nicht freigeschaltet. Das ist Zensur pur in meinen Augen."

Wird ein Eintrag von einer Webpage, aus einem Forum oder einer Social-Media-Präsenz entfernt oder erst gar nicht freigeschaltet, wird in der Netzgemeinde oftmals vorschnell von „Zensur" gesprochen.

Unter „Zensur" versteht man, dass geplante Veröffentlichungen einer staatlichen Behörde vorzulegen sind, dort auf ihren Inhalt geprüft und dann entweder zur Veröffentlichung freigegeben oder aber verboten werden. Verbotene Zensur im verfassungsrechtlichen Sinne ist demnach nur die **Vorzensur**. Nachträgliche Verbote zum Schutze Dritter (die z. B. auf einer Website diffamiert werden) sind möglich. Weiter muss man sehen, dass Adressat des Zensurverbotes nur der Staat ist, nicht jedoch Privatpersonen. Hieraus folgt, dass medieninterne Selbstkontrollmechanismen (Selbstzensur) nicht vom Zensurverbot erfasst werden. Für das Fallbeispiel bedeutet das, dass Spiegel Online die Freischaltung ohne Weiteres ablehnen kann.

Insbesondere das 2017 in Kraft getretene **Netzwerkdurchsetzungsgesetz (NetzDG)**, das Anbieter Sozialer Netzwerke verstärkt in die Verantwortung nimmt und Hasskriminalität im Netz einschränken soll, sah sich zu Unrecht dem Vorwurf der Zensur ausgesetzt. Das Gesetz stellt einen wichtigen Baustein zur Internetregulierung dar, indem es durch Verfahrensregelungen eine verfassungskonforme Ausgestaltung der Meinungsfreiheit vornimmt. So haben Anbieter Sozialer Netzwerke rechtswidrige Inhalte binnen bestimmter Fristen zu entfernen. Das Gesetz ermöglicht damit eine redaktionelle Kontrolle von Inhalten und stellt keine verbotene Zensur dar (zum NetzDG vgl. das Kapitel zur Haftung von Forenbetreibern für fremde Inhalte).

Social Media am Arbeitsplatz

Facebook und Messenger im Büro benutzen?

Herr Bosch nutzt seinen Computer im Büro dazu, ausgiebig mittels des Facebook-Messengers mit Freunden zu chatten. Dabei sollte er laut Anweisung durch seinen Arbeitgeber über die Messenger-Funktion ausschließlich Kundenanfragen bearbeiten. Kurze Zeit später erhält er ein Kündigungsschreiben seines Arbeitgebers.

Ein Verstoß gegen das Verbot des Arbeitgebers, den Computer am Arbeitsplatz privat zu nutzen, kann ernsthafte Konsequenzen haben. An die Art der Kontrolle solcher Verstöße sind allerdings strenge Anforderungen zu stellen. So urteilte der Europäische Gerichtshof für Menschenrechte, dass das Recht auf Privatsphäre des Arbeitnehmers verletzt sei, wenn der Arbeitgeber die Online-Unterhaltungen des Arbeitnehmers ohne dessen vorherige Information über diese Möglichkeit aufzeichne. Eine Kontrolle der Kommunikation der Mitarbeiter ist zwar grundsätzlich möglich, dies erfordert aber, dass der Arbeitnehmer über die Möglichkeit und das Ausmaß der Kontrolle vorab informiert wird und ein legitimer Grund für die Überwachung besteht.

Außerordentliche Kündigung wegen Weiterleitung beruflicher E-Mails an privaten E-Mail-Account

Herr Bosch ist bei einem Unternehmen im Vertrieb beschäftigt. Zur Sicherung von Daten hat das Unternehmen alle Computer mit einer Sicherheitssoftware ausgestattet, die ein Kopieren von Daten außerhalb des Netzwerks der Arbeitsstätte verhindern sollen. Auch der Arbeitsvertrag sieht vor, dass Daten und Informationen, die auf privaten Datenträgern gespeichert wurden, spätestens bei Beendigung des Arbeitsverhältnisses zu löschen sind. Da Herr Bosch seit längerem unzufrieden mit seiner Arbeit ist, bewirbt er sich bei einem Konkurrenzunternehmen, das ihn auch einstellen will. Vor Ende des alten und vor Beginn des neuen Arbeits-

verhältnisses leitet er sich aber noch Mails mit betrieblichen Informationen zu seinen aktuellen Projekten an seine private E-Mail-Adresse weiter, um seine Arbeit bei dem Konkurrenzunternehmen fortsetzen zu können.

Die Weiterleitung von Mails mit betrieblichen Informationen an den privaten Mail-Account zur Vorbereitung einer Tätigkeit bei einem neuen Arbeitgeber ist eine schwerwiegende Verletzung von arbeitsvertraglichen Pflichten und kann eine außerordentliche Kündigung des Arbeitgebers rechtfertigen. Denn durch das Verhalten von Herrn Bosch werden die berechtigten Geschäftsinteressen des Arbeitgebers sowie seine Pflichten aus dem Arbeitsvertrag missachtet. Darüber hinaus ist die Herstellung einer verkörperten Wiedergabe von Daten, die Geschäfts- oder Betriebsgeheimnisse enthalten, unter bestimmten Voraussetzungen nach § 17 Abs. 2 Nr. 1b UWG sogar strafbewehrt. Ein derartiges Verhalten sollte also unbedingt unterlassen werden.

Persönlichkeitsrechte

Das Gesetz gewährt jedem Menschen ein sog. allgemeines Persönlichkeitsrecht. Dieses Recht steht lebenden und als sog. postmortaler Persönlichkeitsschutz auch verstorbenen Personen zu. Bei einer Verletzung des allgemeinen Persönlichkeitsrechts kommen strafrechtliche Sanktionen und die Geltendmachung von zivilrechtlichen Ansprüchen, etwa auf Unterlassung, Widerruf oder Schadensersatz, in Betracht. Ausnahmsweise kann trotz Ausbleibens eines materiellen Schadens sogar Schmerzensgeld für eine erlittene Kränkung gefordert werden.

Auch Unternehmen können sich auf das Persönlichkeitsrecht berufen. Dies gilt immer dann, wenn sie durch eine Äußerung in ihrem sozialen Geltungsanspruch betroffen sind. Das wäre etwa bei dem Energiekonzern der Fall, dessen Logo Herr Bosch verfälscht. Ob darin eine Beleidigung zu sehen ist, ist eine Frage des Einzelfalls.

Intim – privat – öffentlich

Das allgemeine Persönlichkeitsrecht gewährt jedem ein Recht auf einen abgeschirmten Bereich privater Lebensgestaltung. Man darf ohne Einverständnis des Betroffenen also keinesfalls Intimes zeigen. Dazu zählen etwa Dinge aus den Bereichen Gesundheit oder Sexualität.

Intimes Bild auf Herrn Boschs Homepage

Das Foto von der sich übergebenden Frau Schmitz dürfte – wenn Frau Schmitz es nicht für die Öffentlichkeit freigibt – nicht eingestellt werden, weil es intim ist. Sie darf nämlich darüber entscheiden, ob und inwieweit sie ihre Lebenssphäre öffnet. Soweit die Aufnahme in einer Wohnung oder einem gegen Einblick besonders geschützten Raum (z. B. Umkleidekabine) entstanden ist, ist nicht erst die Verbreitung der Aufnahme unzulässig, sondern schon ihre Anfertigung ist strafbar (§ 201a StGB).

Neben der Intimsphäre gibt es die Privat- und die Sozialsphäre, die entsprechend geringeren Schutz gewähren.

Das Recht am eigenen Bild

Fotos von Personen – gleich, welcher Sphäre sie entstammen – dürfen grundsätzlich nicht ohne deren Einwilligung veröffentlicht werden. Das verbietet das Recht am eigenen Bild, das vor unbefugter Verbreitung oder öffentlicher Zurschaustellung schützt.

Beiwerk und Prominente

Hat der Abgebildete für das Bild eine Vergütung erhalten, gilt die Einwilligung als erteilt. Zulässig sind auch Bilder, auf denen Personen nur als Beiwerk neben einer Landschaft oder sonstigen Öffentlichkeit erscheinen. Wann eine Person „Beiwerk" ist, ist eine schwierige Einzelfallfrage. Im Zweifel empfiehlt es sich, eine Einwilligung einzuholen. Erlaubt sind auch Bilder von Versammlungen, Aufzügen und ähnlichen Vorgängen, an denen die dargestellte Person teilgenommen hat, z. B. Demonstrationen oder Karnevalsumzüge.

> #### *Stadion und Rosenmontagszug*
>
> *Das Stadionfoto auf Herrn Boschs Homepage ist zulässig, weil es nicht um die Abbildung bestimmter Personen geht, sondern um die Wiedergabe einer Stadionatmosphäre. Hätte Herr Bosch eine konkrete Person fotografiert, müsste er grundsätzlich deren Einwilligung einholen, bevor er deren Bild auf seine Seite stellt. Eine Ausnahme gilt aber wieder für die Teilnehmerin des Rosenmontagszugs.*

Als Faustformel kann folgender Leitsatz dienen: *„Je prominenter eine Person ist, desto mehr muss sie dulden."* Hier kann das Interesse der Öffentlichkeit an dieser Person das Einwilligungserfordernis überlagern. Das bedeutet aber nicht, dass Bildnisse von Prominenten immer ohne Einwilligung verbreitet werden dürfen. Erforderlich ist eine Abwägung, die im Einzelfall sehr schwierig sein kann.

Einwilligung

Bildrechte

Frau Fuchs meldet sich bei XING mit „Ricarda Fuchs" an und fügt ihrem Profil ein Porträtfoto bei. Das Foto hatte sie ursprünglich zu Bewerbungszwecken von einem Fotografen in einem aufwendigen „Shooting" anfertigen lassen. Überrascht stellt sie Monate nach Anmeldung fest, dass Foto und Name nicht nur von der Plattform XING aus, sondern auch für Nichtmitglieder und von jedem Dritten über eine Personensuchmaschine zugänglich sind. Verärgert darüber, dass ihr Bild nun weltweit zugänglich ist, möchte sie gegen XING vorgehen. Mit Erfolg?

Frau Fuchs wird hier keinen Erfolg haben, da sie mit der Einstellung ihres Bildnisses auf der Plattform XING in den Zugriff durch Suchmaschinen zumindest konkludent eingewilligt hat. Dass ihr das nicht klar war und sie davon ausging, nur die Nutzer von XING könnten das Bild aufrufen, ist nicht relevant. Frau Fuchs hätte sich die Nutzungsbedingungen des Portals vorab besser ansehen sollen. Dort ist von der Möglichkeit die Rede, den Zugriff auf bestimmte Inhalte durch Suchmaschinen von außen zu sperren. Von dieser Möglichkeit hätte Frau Fuchs aktiv Gebrauch machen müssen. Unter Umständen hat Frau Fuchs ein weiteres Problem, das ihr nicht klar ist: Rechte hat auch derjenige, der das Porträtfoto angefertigt hat. Urheber des Lichtbilds ist der

Fotograf, der das Foto erstellt hat. Es kommt nun darauf an, was Frau Fuchs und der Fotograf damals vereinbart haben. Soweit ersichtlich war dies nur die Nutzung der Bilder zu Bewerbungszwecken. Die Nutzung für Homepage oder Social Media müsste vertraglich eigens eingeräumt worden sein, was standardmäßig nicht geschieht. War die Onlinenutzung nicht vereinbart, stehen dem Fotografen urheberrechtliche Ansprüche gegen Frau Fuchs zu. Näheres zur Grundlage dieser Ansprüche finden Sie im Kapitel zum Urheberrecht ab Seite 41.

Das Recht am eigenen Wort

Personen haben auch das Recht am gesprochenen Wort, das vor Unterschiebungen und Unterstellungen sowie vor unbefugter Aufzeichnung oder Wiedergabe des gesprochenen Wortes schützt. Ohne Einwilligung darf Herr Bosch im Eingangsbeispiel also auch keine Partygespräche veröffentlichen.

Daneben gibt es das Recht am geschriebenen Wort, das persönliche Aufzeichnungen vor unbefugter Verwendung schützt. Die Geburtstagskarten fielen darunter und dürften ohne Einwilligung nicht ins Netz gestellt werden.

Weiterhin gibt es das Recht auf informationelle Selbstbestimmung, das vor Preisgabe und Verwendung persönlicher Daten schützt. Die Bildunterschrift mit Namensangabe, Wohnort und Alter sind persönliche Daten, die ohne Einwilligung des Berechtigten nicht öffentlich gemacht werden dürfen (siehe hierzu auch S. 83 ff.).

Schließlich gibt es das Recht der persönlichen Ehre. Es schützt den Einzelnen auch strafrechtlich vor einer Herabsetzung. Strafrechtlich dürfte indes keines der genannten Beispiele relevant sein.

Urheberrecht & Co.

Verstößt Herr Bosch gegen Urheberrechte?

Um seine Website noch interessanter zu gestalten, will Herr Bosch weitere Inhalte aufnehmen. In die Rubrik „Bosch intellektuell" möchte er Texte berühmter Literaten einstellen. Für aufnahmewürdig erachtet er unter anderem „Hamlet, Prinz von Dänemark" von William Shakespeare (1564–1616). Den Originaltext findet er gut, die Übersetzung von August Wilhelm von Schlegel (1767–1845) aber noch deutlich besser. Er kopiert den Text von einer Seite im Internet und fügt sie seinem Archiv hinzu.

Verbessern möchte Herr Bosch auch die Eingangsseite. Hier soll ein Porträtfoto von ihm zu sehen sein. Herr Bosch verfügt noch über ein professionell erstelltes Foto von sich, das er für eine Bewerbung hatte anfertigen lassen. Mit dem Fotografen war vereinbart, das Bild auch auf Websites und für Online-Communities nutzen zu dürfen. Herr Bosch findet allerdings, dass ihn der Fotograf damals nicht ganz ins rechte Licht gerückt hat. Nachdem er das Bild gescannt hat, bearbeitet er es intensiv mit einem Bildbearbeitungsprogramm und stellt es erst danach ins Netz.

Herr Bosch will die Besucher auf seiner Website mit „Viva Colonia" von den Höhnern begrüßen. Er singt das Lied, begleitet sich dazu auf der Gitarre und nimmt sich dabei auf.

Darf er all das?

Technisch ist es kein Problem, Texte, Fotos, Zeichnungen, Filme oder Ähnliches auf eine Seite zu nehmen. Obwohl diese Inhalte im Netz leicht zugänglich sind, können sie urheberrechtlichen Schutz genießen. Rechtlich treten hier in der Praxis erhebliche Probleme auf.

An welchen Inhalten können Rechte anderer bestehen?

Geistiges Eigentum ist dann schutzfähig, wenn es **Werkcharakter** hat.

Was ist ein Werk?

In Betracht kommen Werke der Literatur, der Wissenschaft oder der Kunst, also Bücher, Texte und Reden, Computerprogramme, Musik, Bilder und Zeichnungen, Fotos, Filme, Pläne, Karten, Skizzen, Tabellen und Datenbanken. Websites werden nicht im Urheberrechtsgesetz erwähnt und genießen in der Regel als solche keinen urheberrechtlichen Schutz. Etwas anderes kann gelten, wenn die Seite sehr aufwendig gestaltet ist und über die gewöhnliche Darstellung einer Seite hinausgeht. Urheberrechtlichen Schutz genießt aber in jedem Fall der auf der Website eingestellte Inhalt, der sog. Content (also der Text, das Bild usw.).

Rechte am Werk hat sein Schöpfer oder Urheber. Voraussetzung ist eine gewisse „**Schöpfungshöhe**": Es bedarf einer persönlichen, geistigen Schöpfung, die infolge eines menschlichen Schaffensprozesses entstanden ist und einen Mindestgrad an Individualität aufweist. Das Urheberrecht entsteht dann automatisch im Zeitpunkt der Herstellung und erlischt, je nach Werk oder geschützter Leistung, zwischen fünfzehn und siebzig Jahren nach dem Tod des Urhebers. Die Kennzeichnung mit einem Copyright-Vermerk ist – entgegen einer in der Allgemeinheit weit verbreiteten Annahme – keine Voraussetzung für das Entstehen des urheberrechtlichen Schutzes.

Wann ist ein Werk ein Werk?

Das Urheberrecht stellt an die Schöpfungshöhe keine hohen Anforderungen, sondern schützt die „**kleine Münze**". Kein Schutz entsteht bei Produkten, die durch rein maschinelle Herstellung entstanden sind. Die Verwendung von technischen Geräten zur Unterstützung, wie einer Kamera oder eines Computers, steht dem aber nicht entgegen. Für die Werksqualität ist es auch unbeachtlich, ob das Werk veröffentlicht wurde, ob es einen gewissen Herstellungsaufwand erforderte oder ob es einen bestimmten Umfang aufweist.

Werkqualität – ja oder nein?

Sowohl der Text „Hamlet" als auch das Porträtfoto sowie das Lied „Viva Colonia" und je nach Qualität auch die „Coverversion" von Herrn Bosch weisen Werkqualität auf.

Die Bestimmung, ob ein Werk im urheberrechtlichen Sinne vorliegt, ist aber nicht immer so leicht wie im Ausgangsfall. Nehmen wir Folgendes an:

Fremder Werbeslogan

Frau Fuchs hat sich bei Twitter angemeldet und möchte nun auf diesem Wege „News aus der Welt des Laufsports" verbreiten. Auf der Suche nach möglichen Inhalten schaut sie sich bei anderen Nutzern um und stößt auf einen Werbeslogan des Sportartikelherstellers „Puna", mit dem dieser für Sport-BHs wirbt. Sie übernimmt den Wortlaut des Slogans und tauscht lediglich den Herstellernamen aus. So bewirbt sie die von ihr produzierten Produkte, indem sie twittert: „Biegsam wie ein Frühlingsfalter bin ich im Sport-Fuchs Büstenhalter."

Hier ist fraglich, ob auch der Werbeslogan, dessen Frau Fuchs sich bedient, eine hinreichende Schöpfungshöhe aufweist. Werbeslogans genießen in der Regel keinen urheberrechtlichen Schutz. Bei Sprachwerken spricht zwar die Kürze gegen das Erreichen der Gestaltungshöhe, doch kann dies ausnahmsweise durch einen **besonders geistvollen und kreativen Gehalt** ausgeglichen werden. Bei dem verwendeten Werbeslogan lässt sich eine hinreichende Schöpfungshöhe bejahen. Frau Fuchs darf diesen also nicht einfach für sich verwenden.

Generell gilt für **Tweets**, dass diese keine hinreichende Schöpfungshöhe aufweisen. Bei der Twitter-Timeline (Darstellung aller Tweets in der Reihenfolge, in der sie getwittert wurden) lässt sich schon eher eine hinreichende Schöpfungshöhe annehmen. Entscheidend ist der Einzelfall. Beispielhaft sei darauf verwiesen, dass die Rechtsprechung den Formulierungen „Wenn das Haus nasse Füße hat" und „DEA – hier tanken Sie auf" keinen urheberrechtlichen Schutz zugesprochen hat. Im Ausnahmefall können aber auch kurze Texte in Konflikt mit dem Urheberrecht geraten.

Entgegen der Wertung einer Entscheidung des LG Bielefeld wird man daher eine schöpferische Mindesthöhe für den unter einem Pseudonym veröffentlichten Tweet *„Wann genau ist aus „Sex, Drugs & Rock n Roll" eigentlich „Laktoseinto-*

leranz, Veganismus und & Helene Fischer" geworden?" annehmen müssen. Im November 2017 hat Twitter die Länge der Tweets von 140 auf 280 Zeichen aufgestockt, so dass sich das Risiko einer Urheberrechtsverletzung erhöhen kann.

Was schützt das Urheberrecht?

Das Urheberrecht schützt die Persönlichkeit und die Verwertungsmöglichkeit des Künstlers. Im Werk ist ein Teil der Persönlichkeit des Schöpfers verkörpert. Ihn schützt das Urheberrecht. Zum anderen kann der Urheber sein Werk auch wirtschaftlich verwerten. Die Möglichkeit, das geistige Eigentum zu verwerten, schützt das Urheberrechtsgesetz so, wie das Bürgerliche Gesetzbuch die Verwertung des körperlichen Eigentums schützt.

Urheberpersönlichkeitsrecht

Das Urheberpersönlichkeitsrecht soll Ansehen und Ehre des Urhebers sowie dessen Interesse an Bestand und Wirkung seines Werkes schützen. Es umfasst im engeren Sinne

- das Veröffentlichungsrecht,
- das Recht auf Anerkennung der Urheberschaft sowie
- das Entstellungs- und Änderungsverbot

und in einem weiter verstandenen Sinne daneben auch

- das Zugangsrecht,
- das Rückrufrecht wegen Nichtausübung oder wegen gewandelter Überzeugung sowie
- die Pflicht zur Quellenangabe.

Verwertungsrechte

Der Urheber soll von seinem Werk leben können. Deshalb steht ihm das Recht zu, sich eine angemessene Vergütung für sein Werk zu sichern. Häufig räumt der Urheber auch Dritten Nutzungsrechte ein, damit sie die Verwertung übernehmen und den Urheber etwa am Erlös beteiligen. Wer ein Werk ohne Zustimmung des Urhebers oder des Verwerters nutzt, dem drohen Unterlassungs- und möglicherweise Schadensersatzansprüche.

Praxisrelevante Verwertungsrechte sind etwa

- das Vervielfältigungsrecht,
- das Verbreitungsrecht,
- das Vortrags- und Vorführungsrecht sowie
- das Recht auf öffentliche Zugänglichmachung, d.h. das Recht, Inhalte online zu stellen.

Ein Künstler kann nicht nachverfolgen, wann und wo sein Werk geschäftlich genutzt und aufgeführt wird. Um für diese Fälle eine Vergütung zu sichern, wurden Verwertungsgesellschaften gegründet, etwa die VG Bild-Kunst für Fotografien oder Kunst, die VG Wort für Sprachwerke und die GEMA für Musik. Sie nehmen die Rechte von Urhebern wahr und zahlen an den Rechteinhaber jährlich eine entsprechende Geldsumme aus.

Herr Bosch handelt urheberrechtswidrig

Herr Bosch verstößt auf seiner Homepage zum Teil gegen das Urheberrecht. Da die Höhner bzw. ihre Plattenfirma die entsprechenden Rechte an „Viva Colonia" besitzen, muss Herr Bosch mit rechtlichen Schritten rechnen, wenn er sich

Text und Musik des Werks zu eigen und dies auf seiner Homepage verfügbar macht. Von einer nur privaten Nutzung kann bei der Aufnahme auf eine Homepage keine Rede sein. Das wäre allenfalls bei einer Vorstellung im Kreis der Familie der Fall.

Wenn Herr Bosch das Porträtfoto von sich auf der Website einstellt, so nimmt er damit mehrere urheberrechtlich relevante Nutzungen vor: Zunächst erstellt er von dem Foto eine Kopie, die er für sich auf seiner Festplatte speichert. Dies ist eine Vervielfältigung im Sinne des Urhebergesetzes. Die Einstellung des Bildes auf eine jederzeit abrufbare Website ist eine weitere urheberrechtlich relevante Nutzung in Form der öffentlichen Zugänglichmachung. Vervielfältigung und öffentliche Zugänglichmachung sind hier zulässig, da der Fotograf, der das Lichtbildwerk angefertigt hat, Herrn Bosch entsprechende Rechte eingeräumt hat. Problematisch ist aber, dass Herr Bosch das Lichtbildwerk des Fotografen ohne dessen Zustimmung verändert hat. Das ist grundsätzlich nicht ohne Weiteres zulässig.

Etwas schwieriger ist die Beurteilung um die Rubrik „Bosch intellektuell". Unterstellen wir, auf den Fall wäre ausschließlich deutsches Recht anwendbar. Wie erwähnt, ist die erforderliche „Schöpfungshöhe" bei dem Werk Shakespeares zweifellos erfüllt. Ein eigenständiges Werk mit entsprechender Schöpfungshöhe ist aber auch die Übersetzung Schlegels. Der Übersetzer ist Urheber des übersetzten Werks und damit genau wie der Urheber, dessen Recht am Original fortbesteht, geschützt. Es liegt nahe, dass der literarische Text von Hamlet mittlerweile gemeinfrei ist.

Der Urheberschutz endet grundsätzlich 70 Jahre nach dem Tod des Urhebers. Kürzere Schutzfristen gelten insbesondere für Lichtbilder (50 Jahre). Nach dem Tod des Urhebers geht das Urheberrecht auf dessen Rechtsnachfolger (Erben) über. Sind die genannten Fristen abgelaufen, genießen die Werke keinen urheberrechtlichen Schutz mehr. Sie sind „gemeinfrei" und dürfen von jedermann frei verwertet werden, ohne dass es der Zustimmung des Urhebers bzw. seiner Rechtsnachfolger bedarf.

Im Fall von Herrn Bosch ist zu berücksichtigen, dass die Übersetzung grundsätzlich erst dann gemeinfrei wird, wenn sowohl der Autor als auch der Übersetzer mindestens 70 Jahre tot sind.

Abhängige Bearbeitung oder freie Benutzung?

Äußerst praxisrelevant ist die Unterscheidung zwischen abhängiger Bearbeitung und freier Benutzung eines Werkes. Während Bearbeitungen oder andere Umgestaltungen des Werkes nur mit Einwilligung des Urhebers des Ursprungswerks veröffentlicht oder verwertet werden dürfen (§ 23 UrhG), bedarf es bei einer freien Benutzung im Sinne des § 24 UrhG einer derartigen Zustimmung nicht.

Wenn der literaturbegeisterte Herr Bosch also beispielsweise auf die Idee käme, Boris Pasternaks 1957 erschienenen Roman „Doktor Schiwago" nach eigener Vorstellung fortzuschreiben, indem er die wesentlichen Charaktere und Schauplätze des Originalromans übernimmt, stellt sich die Frage, ob er dies ohne Zustimmung Pasternaks tun dürfte. Nach der Rechtsprechung des Bundesgerichtshofs liegt eine freie Benutzung nur dort vor, wo die Individualität des benutzten Werkes in den Hintergrund tritt und gegenüber der Individualität des neu geschaffenen Werkes verblasst. Wann genau ein derartiges Verblassen angenommen werden kann, ist eine Frage des Einzelfalls und bedarf einer sehr genauen Gegenüberstellung der individuellen Züge von Ausgangswerk und des neu geschaffenen Werkes.

Wird ein fremdes Werk bearbeitet und soll das Ergebnis veröffentlicht werden, empfiehlt es sich daher im Zweifelsfall immer, die Einwilligung des Urhebers des Ursprungswerks einzuholen.

Problematisch vor diesem Hintergrund sind auch die auf Social-Media-Plattformen beliebten „Internet-Memes". Dabei werden Bild- oder Videoschnipsel, bspw. aus Filmen, mit neuen Inhalten, bspw. Texten kombiniert. „Memes" sind als Erscheinungen der Internetkultur nicht ohne Weiteres mit dem Urheberrecht vereinbar. Ob das Zitatrecht greift, muss im Einzelfall ebenso geprüft werden wie die Kunstfreiheit. Ein weitreichendes „Recht auf Remix" hat das Bundesverfassungsgericht in seiner „Metall auf Metall" Entscheidung 2016 jedenfalls nicht angenommen. Hier war einem Rapper ausnahmsweise die freie Benutzung einer Tonsequenz von Kraftwerk im Rahmen der Kunstfreiheit zugestanden worden.

Urheberrechtliche Verantwortlichkeit von Suchmaschinenbetreibern

Dürfen Betreiber von Suchmaschinen wie etwa Google, Yahoo & Co. urheberrechtliche geschützte Bilder anzeigen? Nach der Rechtsprechung stellen auch die in der Ergebnisliste von Bildersuchmaschinen auftauchenden Thumbnails (verkleinerte Fotos von Originalfotos) grundsätzlich unfreie Bearbeitungen nach § 23 UrhG dar, und zwar deshalb, weil von einem Verblassen im oben genannten Sinne nicht die Rede sein kann. Die das Originalfoto insgesamt prägenden Gestaltungsmerkmale finden sich ebenso in dem verkleinerten Miniaturbild. Insofern stellten die Thumbnails eine „öffentliche Zugänglichmachung" im Sinne des Urheberrechts dar.

Bemerkenswerterweise hat der Bundesgerichtshof entschieden, dass die Google-Bildersuche aber auch ohne Einräumung der Rechte durch den jeweils Berechtigten im Einzelfall zulässig ist. Ein Berechtigter, der Texte oder Bilder im Internet ohne Einschränkungen frei zugänglich macht, müsse mit den nach den Umständen üblichen Nutzungshandlungen rechnen, so das Gericht. Insofern habe der Rechteinhaber in die Auffindbarkeit der Bilder durch den Suchmaschinenbetreiber eingewilligt. Widerrechtlich veröffentlichte Bilder, die im Rahmen der Google-Bildersuche angezeigt werden, lösen also erst ab Kenntnis des Betreibers bzw. des Verlinkenden von deren etwaiger Rechtswidrigkeit eine Haftung aus.

Nutzung von Streaming-Angeboten

Im Zuge der Digitalisierung ist auch das Streaming von Filmen und Serien im Internet eine beliebte Nutzungsform. Wurde das Streaming lange Zeit als „urheberrechtliche Grauzone" angesehen und urheberrechtlich nicht beanstandet, so hat sich nun im Rahmen der Nutzung von Streaming-Angeboten ein Wandel der Rechtslage vollzogen: 2017 hat der Europäische Gerichtshof entschieden, dass derjenige, der Filme oder Videos im Internet streamt, obwohl er weiß, dass er anderswo dafür bezahlen muss, „anormal" und damit verboten handelt. Streaming ist also in einem derartigen Fall urheberrechtswidrig.

Urheberrechtliche Zulässigkeit der Aufzeichnung von Fernsehprogrammen im Rahmen von Cloud Computing

Neben dem Streaming von Filmen und Serien besteht für Nutzer im Internet die Möglichkeit mittels eines speziellen Systems (z. B. VCAST) Fernsehsendungen aufzuzeichnen und diese später von einer Cloud abzurufen. Hierbei darf allerdings nicht übersehen werden, dass über die Cloud Computing-Technologie die Vervielfältigung und Zurverfügungstellung urheberrechtlich geschützter Werke ermöglicht wird. Denn die Weiterverbreitung durch VCAST erfolgt unter anderen technischen Bedingungen als bei der ursprünglichen Übertragung über den Fernseher und erreicht dementsprechend auch eine andere Öffentlichkeit. Die Verbreitung von urheberrechtlich geschützten Werken durch VCAST stellt damit eine öffentliche Wiedergabe dar. Deren Rechtmäßigkeit hängt somit von der Erlaubnis des Rechteinhabers ab. Ansonsten ist sie urheberrechtswidrig.

Leistungsschutzrechte

Neben den Urheberrechten regelt das UrhG noch Leistungsschutzrechte zugunsten bestimmter Personen, die einen gewissen organisatorischen oder finanziellen Aufwand zur Werkserstellung betreiben und daher eigenen Schutz genießen (z. B. Fotografen, Datenbankhersteller). Anders als die Urheberrechte setzen die Leistungsschutzrechte nicht voraus, dass es sich bei dem Schutzgegenstand um eine persönliche geistige Schöpfung (Werk) handelt.

Schranken des Urheberrechts

Urheber- und Leistungsschutzrechte gelten nicht uneingeschränkt. Bestimmte Nutzer haben ein legitimes Interesse an der erlaubnisfreien Nutzung eines Werks, gegenüber dem das Interesse des Urhebers zurückweichen muss. Einschränkungen des Urheberrechts regeln §§ 44a–63 UrhG. Da es sich um Ausnahmevorschriften handelt und die Interessen des Urhebers grundsätzlich schwer wiegen, sind diese Schrankenbestimmungen eng auszulegen. Praxisrelevant sind u. a. die Erlaubnis der Vervielfältigung zum eigenen Gebrauch (§ 53 UrhG), Bestimmungen zur Zulässigkeit von Zitaten (§ 51 UrhG), zur Berichterstattung über Tagesereignisse (§ 50 UrhG) sowie eine Bestimmung, die öffentliche Reden betrifft (§ 48 UrhG).

Für eine umfassende Darstellung fehlt hier der Raum. Die Vorgaben der jeweils einschlägigen Schrankenbestimmung sind im Einzelfall aber sehr genau zu untersuchen. Werden beispielsweise in einer bekannten Comedy-TV-Sendung fremde Sendungsausschnitte nur um ihrer selbst und der ihr innewohnenden Komik willen präsentiert, fehlt ein legitimer Zitatzweck. Die Berufung auf das Zitatrecht (§ 51 UrhG) scheidet dann aus und die Sendungsausschnitte dürfen nicht ohne Zustimmung der Rechteinhaber verwendet werden.

Informationspflichten

Roß und Reiter nennen

> *Kontaktdaten*
>
> *Herr Bosch will nicht, dass die Besucher seiner Website seinen vollen Namen und seine Adresse erfahren, und macht*

daher keine Angaben hierzu auf der Seite. Auf der Unterseite „Kontakt" können die Nutzer ihm über ein vorgefertigtes Formular E-Mails senden, ohne dass dabei seine E-Mail-Adresse preisgegeben wird. Reicht das?

Auf der Homepage werden Inhalte zum Abruf bereitgestellt. Rechtlich handelt es sich dabei um ein Telemedienangebot. Vereinfacht ausgedrückt unterfallen dem Begriff private Websites, Blogs, Onlineshops und Onlineauktionshäuser, Informationsdienste (z. B. für Wetter, Sport oder Börsennachrichten) sowie Suchmaschinen und Chatrooms. Telemedien sind zulassungs- und anmeldefrei: Im Gegensatz zum Rundfunk braucht man keine „Telemedienlizenz", um mit seinem Angebot starten zu können. Jeder Anbieter ist verpflichtet, „Ross und Reiter" zu nennen, damit jeder weiß, wer für den Inhalt einer Seite verantwortlich ist. So werden Verbraucher und Mitbewerber geschützt. Man nennt das „**Impressumspflicht**".

Man unterscheidet zwischen allgemeinen (§ 5 Abs. 1 TMG) und besonderen Informationspflichten bei kommerzieller Kommunikation (§ 6 TMG).

Wen trifft die allgemeine Informationspflicht?

Die allgemeine Informationspflicht gilt für Anbieter von geschäftsmäßigen (d. h. auf einen längeren Zeitraum ausgerichtet), in der Regel gegen Entgelt angebotenen Telemedien. Darunter fallen nicht nur groß angelegte unternehmerische Angebote, sondern auch schon der Internetauftritt einer Bäckerei, einer Gaststätte oder eines Friseursalons. Inwieweit die Vorschrift auch für die Betreiber privater Homepages gilt, hängt vom Einzelfall ab: Handelt es sich um ein rein privates

Angebot (wird z. B. eine Website ausschließlich zu familiären Zwecken eingerichtet, passwortgeschützt und das Passwort nur an Bekannte herausgegeben), sieht das Gesetz keine Impressumspflicht vor. Hier ist aber Vorsicht geboten. Diese Ausnahme ist sehr eng konzipiert und im Zweifel gilt: Angaben zu „Ross und Reiter" sind erforderlich. Die Zweifelsregelung gilt auch für die Ausführlichkeit des Impressums. Die Angabe von Name und Anschrift bzw. bei juristischen Personen auch Namen und Anschrift des Vertretungsberechtigten kann gegebenenfalls ausreichen („Impressum light"). Im Zweifel sollte man sich aber immer für die ausführlichere Variante (z. B. zusätzlich auch E-Mail-Adresse, Telefon- und Faxnummer) entscheiden.

Herr Bosch in unserem Beispiel ist eine natürliche Person und wirbt auf seiner Seite nicht für einen zulassungspflichtigen Beruf, sodass ihn „nur" eine allgemeine Informationspflicht trifft. Die Zurverfügungstellung eines Kontaktformulars reicht hierfür also nicht.

Auch öffentliche Stellen nutzen vermehrt Soziale Netzwerke oder planen dies in der Zukunft. Öffentliche Stellen haben auch an dieser Stelle eine rechtsstaatlich begründete Vorbildfunktion und unterliegen vielfältigen gesetzlichen Bestimmungen. So müssen auch öffentliche Stellen bei der Nutzung von Social Media die Pflichten des TMG beachten: Die öffentliche Stelle muss als Anbieter erkennbar sein. Zu den Pflichten öffentlicher Stellen im Rahmen des Datenschutzes vgl. das Kapitel zum Datenschutzrecht.

Inhalt der allgemeinen Informationspflichten

Folgende Informationen müssen leicht erkennbar, unmittelbar erreichbar und ständig verfügbar gehalten werden – am besten auf einer Unterseite „Impressum" oder „Kontakt":

- Name und Anschrift
- bei Unternehmen die Rechtsform (z. B. GmbH, OHG), der Vertretungsberechtigte und Angaben zum Kapital
- E-Mail-Adresse, Telefon- und Faxnummer
- zuständige Aufsichtsbehörde, soweit es sich um eine zulassungspflichtige Tätigkeit handelt, z. B. Ärzte, Gastronomen, Makler
- Eintragung in das Handels- oder Vereinsregister
- Mitgliedschaft in einer Kammer und die gesetzliche Berufsbezeichnung
- Umsatzsteuer- oder Wirtschaftsidentifikationsnummer
- bei Gesellschaften, die sich in Abwicklung oder Liquidation (d. h. Auflösung) befinden, Angaben hierüber
- speziell für Online-Händler: Link zur Streitbeilegungsplattform der EU als Umsetzung der VO Nr. 524/2013

Leicht erkennbar sind die Pflichtangaben, wenn sie einfach und effektiv optisch wahrnehmbar sind. Der Anbieter muss sich hierzu nicht ausdrücklich des Begriffs der „Anbieterkennzeichnung" bedienen, die Bezeichnungen „Impressum" oder „Kontakt" genügt. Unmittelbar erreichbar sind die Informationen, wenn sie ohne wesentliche Zwischenschritte aufgerufen werden können, also jedenfalls dann, wenn sie von jeder Unterseite aus durch zwei Klicks einsehbar sind („**Zwei-Klick-Regel**"). Ständig verfügbar bedeutet auch, dass der User keine weiteren Programme installieren muss, um die Informationen einzusehen. Problematisch ist es daher, das Impressum in Form eines PDF-Dokuments zu hinterlegen, da der User dieses nur mit spezieller Software öffnen kann.

Verstöße gegen die allgemeine Informationspflicht sind eine Ordnungswidrigkeit und können mit einem Bußgeld in Höhe von bis zu 50.000 Euro geahndet werden. Soweit sie zugleich das Wettbewerbsrecht verletzen, können sie auch Unterlassungs- und Schadensersatzansprüche begründen. Allerdings können Wettbewerbsverstöße nicht von jedermann geltend gemacht werden, sondern nur Personen, die in Rechten verletzt sind, also etwa Mitbewerber oder Verbraucherzentralen.

! Einen übersichtlichen Leitfaden zur Impressumspflicht hält das Bundesministerium der Justiz abrufbar unter: http://www.bmjv.de/DE/Verbraucherportal/Digitales-Telekommunikation/Impressumspflicht/Impressumspflicht_node.html.
(Navigationshilfe: www.bmj.de – Verbraucherportal – Digitales&Telekommunikation – Impressumspflicht)

Weitergehende Informationspflichten

Die in § 5 Abs. 1 TMG genannten Pflichtangaben sind nicht abschließend. Daneben sind insbesondere Bestimmungen des Fernabsatzrechts, der BGB-InfoV, der Preisangabenverordnung (PAngV), des VAG sowie Bestimmungen des Handelsrechts zu beachten (dazu unten). Weitergehende Informationspflichten treffen auch die Anbieter von Telemedien mit journalistisch-redaktionell gestalteten Angeboten. Von einem journalistisch-redaktionellen Angebot spricht man, wenn die inhaltliche, sprachliche, grafische oder akustische Bearbeitung der Inhalte geeignet ist, auf die öffentliche Meinungsbildung einzuwirken.

Die Anbieter solcher Angebote (das kann durchaus auch ein Weblog sein) müssen zusätzlich einen Verantwortlichen mit Namen und Anschrift benennen, der seinen ständigen Aufenthalt im Inland hat, nicht infolge Richterspruchs die Fähigkeit zur Bekleidung öffentlicher Ämter verloren hat, voll geschäftsfähig ist und unbeschränkt strafrechtlich verfolgt werden kann. Vergleichbar zur presserechtlichen Impressumspflicht soll dem Nutzer über § 55 Abs. 2 RStV die Feststellung ermöglicht werden, wer für den Inhalt des journalistisch-redaktionell gestalteten Angebots verantwortlich ist.

Impressum auch bei Facebook?

Die dargestellte allgemeine Informationspflicht gilt für die Anbieter von Telemedien. Sie ist technik- bzw. plattformneutral. Das bedeutet, die Impressumspflicht gilt nicht nur für Homepages, sondern beispielsweise auch für E-Mail-Newsletter und RSS-Newsfeeds. Vielen, die sich oder ihr Unternehmen professionell auf Facebook präsentieren, ist nicht klar, dass sie auch dort ihrer Informationspflicht nachkommen müssen. Nach der Rechtsprechung reicht es nicht aus, auf der Fanpage auf eine Website außerhalb des

Facebook-Angebots zu verlinken, die ein Impressum enthält. Allerdings ist die Impressumspflicht erfüllt, wenn ihren Anforderungen auf der offiziellen Webseite des Unternehmens genügt wurde und hinreichend verdeutlicht wird, dass die dortigen Angaben auch für das Social-Media-Profil gelten sollen.

So klar das „Ob" eines Impressums für professionelle Facebook-Präsenzen ist, so problematisch ist das „Wie" der konkreten Ausgestaltung. Empfehlenswert ist, einen zusätzlichen Reiter im Menü in der linken Spalte mit der Bezeichnung „Impressum" zu erstellen und dort die erforderlichen Angaben zu machen. Das Problem ist nun, dass damit nicht sichergestellt ist, dass von jedem Endgerät aus auf die Informationen zugegriffen werden kann. Die Facebook-Seite wird bei Smartphones u. U. nicht vollständig dargestellt und die Informationen sind dann von diesem Gerät aus nicht ohne Weiteres verfügbar.

Facebook hat eine eigene Impressumsrubrik eingeführt, die jedem Unternehmensprofil und jeder Fanpage zur Verfügung steht. Damit ist das Risiko, von einem Konkurrenten wegen eines Verstoßes gegen die Impressumspflicht abgemahnt zu werden, deutlich zurückgegangen.

Auf den Punkt gebracht

- Für die Frage, inwieweit Äußerungen im Internet von der Meinungsfreiheit geschützt werden, kommt es darauf an, ob Tatsachenbehauptungen oder Meinungsäußerungen betroffen sind.

- Wahre Tatsachenbehauptungen aus der sozialen Sphäre sowie Meinungsäußerungen sind zulässig. Unzulässig dagegen sind wahre Tatsachenbehauptungen, die Intimes oder Privates einer Person offenlegen, unwahre Tatsachenbehauptungen sowie Schmähkritik.
- Bei selbst gefertigten Fotos sind die Rechte abgebildeter Personen zu wahren. Grundsätzlich ist vor Verbreitung deren Einwilligung einzuholen.
- Beim Einstellen von Inhalten (z. B. Fotos, Videos) sind Urheberrechte und Leistungsschutzrechte anderer zu beachten.
- Die Pflicht zur Anbieterkennzeichnung (Impressumspflicht) besagt, dass Telemedienangebote, die auf einen längeren Zeitraum ausgerichtet und nicht ausschließlich privater Natur sind, bestimmte Informationen zur Herkunft des Angebots ausweisen müssen.
- Auch Nutzer von Social-Media-Portalen müssen eine Anbieterkennzeichnung vorhalten, wenn die Präsenz zu Marketingzwecken benutzt wird.

Für welche Inhalte bin ich verantwortlich?

Schadensersatz für Frau Fuchs?

Frau Fuchs hat ein neues Hobby: „Ego-Googeln". Nachdem sie in das Suchfeld „Ricarda Fuchs Wiesbaden" eingegeben hat, trifft sie fast der Schlag. In der Suchergebnisanzeige auf Platz 2 (gleich nach Hinweis auf ihren Eintrag bei XING) findet sich ein Treffer, der auf einen Eintrag im Läuferblog „Runner-Pro" verweist. Im angezeigten Suchergebnis wird nicht nur der Link, sondern auch ein kurzer Textausschnitt (Snippet) der verlinkten Blogseite dargestellt. Zu lesen ist „... Inhaberin Fuchs hat mich beraten. Unfähig. Ein Laden für Flaneure und Schönwetterläufer. Ambitionierte Läufer gehen zu Isengrins nach Mainz." Frau Fuchs findet das bodenlos und verlangt von Google Inc., ohne die der Blog ihrer Ansicht nach schließlich gar nicht auffindbar wäre, Schadensersatz.

Haftungsfilter des Telemediengesetzes

Ob und wie weit ein Diensteanbieter für veröffentlichte Inhalte einstehen muss, hängt davon ab, wie weit Vorschriften des Telemediengesetzes (TMG) anwendbar sind und ob es um eigene oder fremde Inhalte geht. Das TMG erfasst mit seinem weiten Anwendungsbereich alle elektronischen Informations- und Kommunikationsdienste, die weder Rundfunk noch Telekommunikation sind. Es gilt damit nicht nur für Onlineangebote, sondern auch für die kommerzielle Verbreitung von Informationen mittels elektronischer Post

Aktuelle Highlights aus dem großen Programm.

4. Auflage

Business-Knigge

128 Seiten, € 7,90
ISBN 978-3-406-71535-8
beck-shop.de/btpiic

Im Arbeitsalltag lauern viele Knigge-fallen: Ob Berufseinsteiger oder Manager – Stunde für Stunde widmet sich dieses Buch typischen Situationen im Büro, in Meetings, bei Veranstaltungen oder auf Reisen. Mehr als 100 Tipps helfen, die eigenen Manieren zu überprüfen und heikle Situationen sicher zu bestehen.

Bestseller

Crashkurs Networking

128 Seiten, € 6,90
ISBN 978-3-406-70098-9
beck-shop.de/bkouii

Professionelles Networking ist eine lohnende Investition! Sie erleichtert das Leben, denn gemeinsam kommen wir alle besser voran – beruflich wie privat. Die praxiserprobten Tipps dieses Ratgebers helfen Ihnen dabei, effizient zu netzwerken. Zudem profitieren Sie von den Erfahrungen prominenter Netzwerker, die zu Wort kommen.

Das komplette Programm von A – Z:

Abmahnung und Kündigung	ISBN 978-3-406-60266-5
Abofallen im Internet	ISBN 978-3-406-65644-6
Alleinerziehend – Meine Rechte	ISBN 978-3-406-62590-9
Angstfrei arbeiten	ISBN 978-3-406-60843-8
Arbeits(t)räume **NEU**	ISBN 978-3-406-71885-4
Arbeitslos – was jetzt?	ISBN 978-3-406-59355-0
Basiswissen Steuerrecht	ISBN 978-3-406-71472-6
Behandlungsfehler – was tun?	ISBN 978-3-406-71470-2
Betreuungsfall – was nun?	ISBN 978-3-406-68020-5
Betriebliche Kennzahlen	ISBN 978-3-406-66822-7
Betriebswirtschaftliche Formelsammlung	ISBN 978-3-406-60283-2
Bewerbungs-Check	ISBN 978-3-406-59356-7
BGB Crashkurs **5. AUFLAGE**	ISBN 978-3-406-72251-6
Bilanzen lesen und verstehen **Bestseller**	ISBN 978-3-406-69224-6
BiLMoG und MicroBiLG	ISBN 978-3-406-64829-8
Burn-out	ISBN 978-3-406-60846-9
Business-English	ISBN 978-3-406-60265-8
Business-Knigge **4. AUFLAGE**	ISBN 978-3-406-71535-8
BWL Basiswissen **Bestseller**	ISBN 978-3-406-69015-0
Change!	ISBN 978-3-406-58557-9
Controlling Basiswissen	ISBN 978-3-406-68974-1
Crashkurs Networking **Bestseller**	ISBN 978-3-406-70098-9
Crashkurs PR **2. AUFLAGE**	ISBN 978-3-406-65978-2
Das Arbeitszeugnis **2. AUFLAGE**	ISBN 978-3-406-68125-7
Das kann ich!	ISBN 978-3-406-64086-5
Das perfekte Verkaufsgespräch	ISBN 978-3-406-70101-6
Das Prinzip Achtsamkeit	ISBN 978-3-406-67419-8

Das komplette Programm von A – Z:

Das Vorstellungsgespräch	ISBN 978-3-406-60261-0
Depression	ISBN 978-3-406-64823-6
Der Aufsichtsrat **2. AUFLAGE**	ISBN 978-3-406-71533-4
Der Businessplan	ISBN 978-3-406-68479-1
Der neue Bußgeldkatalog **3. AUFLAGE**	ISBN 978-3-406-68778-5
Der Pflichtteil: Die Rechte der Enterbten	ISBN 978-3-406-64688-1
Der Schreibcoach	ISBN 978-3-406-62585-5
Design-Thinking **NEU**	ISBN 978-3-406-72060-4
Die besten Entspannungstechniken	ISBN 978-3-406-62587-9
Die besten Steuertipps für den Ruhestand	ISBN 978-3-406-67358-0
Die ersten 100 Tage im neuen Job	ISBN 978-3-406-64825-0
Die Immobilie bei Trennung und Scheidung	ISBN 978-3-406-67961-2
Die E-Bilanz	ISBN 978-3-406-63413-0
Die neue Mitarbeiterführung	ISBN 978-3-406-67415-0
Die neue Pflegeversicherung **3. AUFLAGE**	ISBN 978-3-406-67873-8
Die Patientenverfügung **Bestseller**	ISBN 978-3-406-71712-3
Die 115 wichtigsten Finanzkennzahlen	ISBN 978-3-406-60842-1
Eine Minute für Ihr Glück	ISBN 978-3-406-66820-3
Elternunterhalt **3. AUFLAGE**	ISBN 978-3-406-71522-8
Erbschaftsteuer sparen **2. AUFLAGE**	ISBN 978-3-406-70839-8
Erfolg beginnt im Kopf	ISBN 978-3-406-60262-7
Erfolgreich durch die Krise	ISBN 978-3-406-66818-0
Erfolgsrhetorik	ISBN 978-3-406-57178-7
Erste Hilfe im Erbrecht	ISBN 978-3-406-67651-2
Executive Summary **NEU**	ISBN 978-3-406-71563-1
Faktor Mensch	ISBN 978-3-406-70180-1
Feng Shui im Büro	ISBN 978-3-406-61778-2

Das komplette Programm von A – Z:

Mentale Stärke	ISBN	978-3-406-70834-3
Mietnebenkosten-Abrechnung **4. AUFLAGE**	ISBN	978-3-406-71627-0
Mitarbeitergespräche	ISBN	978-3-406-61776-8
Mit Gelassenheit zum Erfolg **Bestseller**	ISBN	978-3-406-66228-7
Mit Leichtigkeit zum Ziel	ISBN	978-3-406-66226-3
Mit Stimme zum Erfolg	ISBN	978-3-406-69019-8
Mobbing	ISBN	978-3-406-59291-1
MPU – Was man wissen muss **2. AUFLAGE**	ISBN	978-3-406-67780-9
Nachbarrecht	ISBN	978-3-406-64684-3
Networking mit Xing, Facebook & Co. **Bestseller**	ISBN	978-3-406-62809-2
Patientenrechte **NEU**	ISBN	978-3-406-70018-7
Personalführung **Bestseller**	ISBN	978-3-406-66212-6
Produktmanagement	ISBN	978-3-406-58559-3
Professionelles Projektmanagement	ISBN	978-3-406-61988-5
Projektmanagement	ISBN	978-3-406-63358-4
Protokollführung	ISBN	978-3-406-68514-9
Psychologie für Führungskräfte **Bestseller**	ISBN	978-3-406-69234-5
Rechnen wie ein Finanzprofi	ISBN	978-3-406-70182-5
Reden aus dem Stand **Bestseller**	ISBN	978-3-406-67421-1
Reiserecht	ISBN	978-3-406-61767-6
Richtig vererben unter Ehegatten **2. AUFLAGE**	ISBN	978-3-406-70096-5
Richtig vermieten – beruhigt schlafen **Bestseller**	ISBN	978-3-406-68374-9
Schenkung von Immobilien **2. AUFLAGE**	ISBN	978-3-406-70837-4
Schlagfertigkeit	ISBN	978-3-406-57174-9
Schneller Lesen	ISBN	978-3-406-59362-8
Schneller Sprachen lernen	ISBN	978-3-406-61780-5
Schnellkurs Buchführung **2. AUFLAGE**	ISBN	978-3-406-72283-7

(Werbemails) oder das Betreiben von Newsgroups. Das TMG unterscheidet Content-, Access- und Hostprovider und privilegiert Diensteanbieter, die fremde Informationen automatisch und zeitlich begrenzt zwischenspeichern (Caching).

Contentanbieter und eigener Inhalt

Betreiber einer Homepage sind für den Inhalt, den sie selbst generiert und auf ihrer Seite platziert haben, grundsätzlich voll verantwortlich. Sie sind Contentanbieter im Sinne des TMG und können sich auf die dort geregelten Haftungserleichterungen nicht berufen. Die Haftung für eigene Inhalte besteht unabhängig davon, ob es sich um eine private oder um eine gewerbliche Seite handelt. Die Verantwortlichkeit für die besagten Inhalte kann sich aus dem Zivilrecht (der Betreiber stellt beispielsweise Inhalte ein, die Urheber- oder Markenrechte Dritter verletzen), dem Strafrecht (der Betreiber stellt etwa Texte ein, in denen Dritte beleidigt werden) und dem öffentlichen Recht (der Betreiber veranstaltet über seine Website verbotenes Glücksspiel oder missachtet Vorgaben des Jugendschutzes) ergeben.

Die Haftung für eigenen Inhalt besteht auch dann, wenn sich ein Diensteanbieter fremde Informationen (etwa Inhalte auf Websites Dritter) **zu eigen macht**. Dies kann zum Beispiel dadurch erfolgen, dass ein Forenbetreiber nutzergenerierten Inhalt vor Veröffentlichung auf Vollständigkeit und Richtigkeit redaktionell überprüft.

Access- und Hostprovider und fremder Inhalt

Stellt ein Diensteanbieter nur die technische Infrastruktur für den Zugang zu Inhalten Dritter zur Verfügung und nimmt er keinerlei Einfluss auf die abgerufenen Inhalte (Accessprovider), scheidet eine Verantwortlichkeit für Rechtsverstöße (unabhängig davon, ob diese zivil-, straf- oder einen öffentlich-rechtlichen Hintergrund haben) grundsätzlich aus. Ebenso besteht keine Verantwortlichkeit, wenn fremde Inhalte für Dritte gespeichert werden (etwa durch Zurverfügungstellung von Webspace) und der Diensteanbieter (Hostprovider) vom rechtswidrigen Inhalt der gespeicherten Informationen keine Kenntnis hat.

So wurde die **Störerhaftung** für Betreiber offener W-LAN-Netze 2017 abgeschafft. Bis zu diesem Zeitpunkt hafteten die Betreiber offener Netze unter bestimmten Voraussetzungen für Urheberrechtsverletzungen von Nutzern, die in ihrem Netzwerk begangen wurden. Die Haftung für Betreiber offener Netze ist nun auf einen möglichen Sperranspruch der Rechteinhaber begrenzt.

Ob und wie bestimmte Dienste in dieses gestufte Haftungsfiltersystem einzuordnen sind, kann im Einzelfall schwierig sein. Problematisch ist das vor allem für Links und Suchmaschinen, die sich letztlich als nach dem Suchbegriff zusammengestellte Linksammlung darstellen. Nach der Rechtsprechung des Bundesgerichtshofes haften Suchmaschinenbetreiber grundsätzlich nicht für die Anzeige rechtswidriger Inhalte im Netz. Eine andere Beurteilung kann sich aber dann ergeben, wenn sie die Rechtswidrigkeit kannten oder kennen mussten.

Frau Fuchs und Google

Mit Blick auf die Snippets im Ausgangsfall herrscht in der Rechtsprechung weitestgehend Einigkeit dahin gehend, dass Frau Fuchs von Google Inc. keinen Schadensersatz verlangen kann, und zwar deshalb, weil Google die Inhalte der Snippets nicht selbst generiert, sondern diese automatisch von den gelisteten Zielseiten übernimmt. Schwieriger wäre der Fall zu beurteilen, wenn Frau Fuchs „nur" Unterlassung fordern, also letztlich verlangen würde, dass Google Verlinkung und Anzeige des Snippets aus den Suchergebnissen herausnimmt. Lässt man einen solchen Anspruch zu, muss man die Frage stellen, ob es einem Indexierungsdienst zumutbar ist, jeder gemeldeten Persönlichkeitsrechtsverletzung (die ja durch Dritte erfolgt) nachzugehen. Falls es um die Veröffentlichung personenbezogener Daten im Rahmen der Google-Suche geht, so hat der Europäische Gerichtshof hierzu in einem Urteil ein „Recht auf Vergessenwerden" etabliert, das nunmehr auch Eingang in die ab 25. Mai 2018 geltende EU-Datenschutz-Grundverordnung gefunden hat. Mehr dazu vgl. das Kapitel zum Datenschutz.

Hafte ich für verlinkte Inhalte?

Eine sog. Verlinkung (engl.: Verbindung/Verweis) ermöglicht eine Navigation zu untergeordneten Seiten des eigenen Webauftritts oder zu fremden Internetseiten.

Die Linksetzung ist ein beliebtes Mittel im Internet. Vielfach handelt es sich um ein zulässiges Mittel. Teilweise birgt die Verlinkung jedoch nicht unbeachtliche rechtliche Probleme.

Herr Bosch setzt Links

Herr Bosch hat viele Bekannte, die auch eigene Blogs betreiben. Auf diese will er auf seiner Website hinweisen. Unter dem Punkt „Favoriten – Meine Brüder im Geiste" finden sich Links zu den anderen Blogs. Unter diesen Blogs ist auch der Blog „Schmutzfink.de", auf welchem anzügliche Fotos von Privatpersonen und Informationen aus deren Privatleben ohne deren Zustimmung veröffentlicht werden. Diese werden dann von dem Seitenbetreiber und den Besuchern der Seite aufs Übelste und in herabsetzender Weise kommentiert. Herr Bosch fragt sich, ob er für die Inhalte verantwortlich gemacht werden kann, wenn er einen Link zu dieser Seite setzt.

Sobald ein Homepagebetreiber einen Link auf fremde, rechtswidrige Informationen – etwa Inhalte strafbaren oder ehrverletzenden Inhalts – setzt, ist zu überprüfen, inwiefern er selbst für die Inhalte verantwortlich gemacht werden kann. Eine verbindliche, gesetzliche Regelung hierzu existiert nicht. Insbesondere ist nach der Rechtsprechung die Verlinkung von Inhalten nicht als Access- oder Hostproviding zu qualifizieren. Die Rechtsprechung fragt vielmehr im Einzelfall, welchen Aussagegehalt der Link aufweist.

Maßgeblich hierbei ist der Grad der **Solidarisierung**. Ergibt sich aus dem Kontext der Website, dass der Linksetzer sich den Inhalt der fremden Website zu eigen macht, so haftet er dafür ebenso wie für seine eigenen Inhalte.

Erforderlich kann es demnach sein, dass sich der Linksetzende hinreichend von den rechtswidrigen Inhalten distanziert. Dies ist etwa bei einer Linksetzung im Rahmen einer wissenschaftlichen Auseinandersetzung denkbar, die den vollständigen Meinungsstand abbilden will oder auf ein für die Diskussion relevantes Dokument der Zeitgeschichte verweist.

Nach der Rechtsprechung des Bundesgerichtshofs soll eine Haftung für Links zu Seiten mit rechtswidrigem Inhalt nur dann zu bejahen sein, wenn der Linksetzer Kenntnis von der Rechtswidrigkeit der Inhalte der verlinkten Seite hat und zumutbare Prüfpflichten verletzt.

Im Fall von Herr Bosch liegt keine hinreichende Distanzierung vor. Insbesondere durch die Verlinkung unter dem Punkt „Favoriten – Meine Brüder im Geiste", der darauf hinweist, dass der Seitenbetreiber diese Blogs besonders mag und empfiehlt, solidarisiert sich Herr Bosch mit den Inhalten des fremden Blogs und macht sich diese zu eigen. Er kann daher auch dafür verantwortlich gemacht werden.

Kann ich mich der Haftung entziehen?

Herr Bosch geht auf Nummer sicher

Jetzt möchte Herr Bosch auf Nummer sicher gehen. Unter dem Punkt „Disclaimer" fügt er folgenden Text ein: „Mit Urteil vom 12. Mai 1998 – 312 O 85/98 – 'Haftung für Links' hat das Landgericht (LG) Hamburg entschieden, dass man durch das Setzen eines Links die Inhalte der gelinkten Seite gegebenenfalls mitzuverantworten hat. Dies kann – so das LG – nur dadurch verhindert werden, dass man sich ausdrücklich von diesen Inhalten distanziert. Hiermit distanzieren wir uns ausdrücklich von den verlinkten Seiten."

Der Versuch, sich im Internet einer drohenden Haftung durch Veröffentlichung eines Haftungsausschlusses, häufig als „Disclaimer" bezeichnet, zu entziehen, kommt zwar häufig vor, scheitert jedoch auch regelmäßig. Einerseits empfiehlt der Linksetzende seinen Besuchern eine fremde Webseite und macht sich dadurch deren Inhalte zu eigen, andererseits versucht er sich über eine pauschale Erklärung von diesen Inhalten zu distanzieren. Dies ist ein Spagat, den das Recht nicht mitmacht. Die Distanzierung von den fremden Seiten muss vor allem **inhaltlich ersichtlich** sein. In der häufig zitierten Entscheidung des Landgerichts Hamburg wurde gerade nur die Haftung für fremde Inhalte durch Zu-eigen-Machen des Linksetzers bestätigt, nicht jedoch die Befreiung davon durch pauschale Haftungsausschlussklauseln.

Im ungünstigsten Fall kann ein solcher Haftungsausschluss sogar als Indiz dafür gewertet werden, dass der Linksetzer offenbar die Möglichkeit von Rechtsverletzungen auf den verlinkten Seiten erkannt hat. Hier wirkt es sich für ihn dann zu seinem Nachteil aus, dass er trotz Kenntnis dieses Umstands von einer Verlinkung keinen Abstand genommen hat. Dies kann als Vorsatz ausgelegt werden, insbesondere, wenn schon der Name der Website erkennen lässt, dass der Betreiber unter dem vermeintlichen Schutz des Disclaimers die Verbreitung rechtswidriger Inhalte fördert.

Ein wirksamer Haftungsausschluss bedarf einer klaren und eindeutigen Gestaltung und muss eine gewisse Ernsthaftigkeit aufweisen. Eine solche ergibt sich auch aus dem Bezug zum Inhalt der Seite.

Da es sich bei dem von Herrn Bosch formulierten Disclaimer um einen pauschalen Haftungsausschluss handelt, ist äußerst fraglich, ob er im Fall von Verlinkungen auf rechtswidrige Inhalte tatsächlich greift. Besser wäre es, wenn Herr Bosch vor der Verlinkung auf fremde Inhalte diese auf deren mögliche Rechtswidrigkeit überprüft. Auf seiner Seite kann er dann Erklärungen oder Hinweise darauf geben, wann er die auf den verlinkten Websites hinterlegten Inhalte zuletzt gesichtet hat und dass dort zu diesem Zeitpunkt keine rechtswidrigen Inhalte erkennbar waren. Dies wäre ein besserer Ansatz um sich vor einer drohenden Haftung zu schützen.

Sonderproblem Links und Urheberrecht

> ### *Braucht Herr Bosch Einwilligungserklärungen?*
>
> *Herr Bosch fragt sich, ob er, wenn er auf die Websites seiner Bekannten verlinkt, nicht eigentlich deren Zustimmung bräuchte? Außerdem will er zukünftig nicht nur in Form von Blogbeiträgen berichten. Auf seiner Seite will er den Besuchern auch besonders tolle „Fundstücke" präsentieren, die er im Internet aufgespürt hat. Dazu gehören Fotos und Videos von anderen Websites, die er auf seine Seite verlinkt. Bei Facebook hat er gesehen, dass man Videos auch so einbinden kann, dass sie direkt auf der eigenen Seite abgespielt werden (Embedding). Das findet er prima, ist sich allerdings nicht sicher, ob er hierdurch nicht ebenfalls Urheberrechte verletzen kann?*

Ob durch die Linksetzung von fremden Websites, die weder strafrechtlich relevante Informationen noch ehrverletzende Äußerungen enthalten, dennoch Rechtsvorschriften verletzt werden können, ist noch nicht abschließend durch die Rechtsprechung geklärt. Hier kommt insbesondere die Verletzung von Urheber- und Wettbewerbsrechten in Betracht.

Hierbei ist das Setzen von

- gewöhnlichen Hyperlinks (Surface Links),
- Deep Links und
- Inline Links/Embedding oder Framing

zu unterscheiden.

Hyperlink und Deep Link

Einen Link, der von der Website des Linksetzers zu einem vollständigen Wechsel auf die verlinkte Zielseite führt, bezeichnet man als **Hyperlink**. Man kann verschiedene Erscheinungsformen des Hyperlinks unterscheiden. Führt der Link zur Startseite eines Drittangebots, wird auch von „Surface Link" gesprochen.

Eine Vervielfältigung (siehe S. 46) im Sinne des Urheberrechts findet in diesem Fall nicht statt. Die Vervielfältigung erfolgt erst durch den Mausklick des Benutzers. Dieser erfolgt mit Einwilligung des Zielseitenbetreibers, schließlich hat dieser seine Webseite zum öffentlichen Abruf ins Netz gestellt.

Auch das Recht der öffentlichen Zugänglichmachung durch den Urheber ist nicht verletzt, denn der Linksetzer hält weder die verlinkte Webseite bereit, noch übermittelt er diese selbst an den Nutzer. Vielmehr verweist der Link auf ein bereits öffentliches Werk, so dass den Nutzern bloß ein Zugang zu diesem vermittelt wird.

Wichtig bleibt allerdings die Frage, ob die Linksetzung das Recht des Urhebers auf öffentliche Wiedergabe verletzt. Dies wurde durch den Europäischen Gerichtshof entschieden. So stellt ein Link, der einen Zugang zu urheberrechtswidrigen Inhalten vermittelt, eine öffentliche Wiedergabe dar, da durch diesen ein „neues Publikum" erreicht werde. Ob diese öffentliche Wiedergabe allerdings auch rechtswidrig ist, hängt maßgeblich von einem Verschulden des Linksetzenden ab. Danach wird für gewerbliche, mit Gewinnerzielungsabsicht handelnde, Anbieter grundsätzlich zu deren Nachteil vermutet, dass der Link in Kenntnis der Urheberrechtswidrigkeit gesetzt wurde. Für Privatpersonen gilt dies nicht.

Nachdem die deutsche Rechtsprechung diesem Urteil zunächst folgte, entschärfte es diese strenge Linie im Jahr 2017 wieder: Es müsse auch mit Gewinnerzielungsabsicht handelnden Linksetzenden möglich sein, sich darauf zu berufen, dass die Linksetzung im Rahmen eines Geschäftsmodells erfolge bei dem Nachforschungen hinsichtlich der Rechtmäßigkeit verlinkter Inhalte nicht zumutbar sind. Für die Praxis bedeutet dies, dass kommerzielle Anbieter und Linksetzende, die im Rahmen ihres Geschäftsmodells durch automatisierte Vorgänge in großer Zahl auf andere Webseiten verlinken, erleichtert sein dürften: Eine Nachprüfung wird diesen Anbietern in der Regel kaum zumutbar sein.

Die Verlinkung zu den Blogs der Bekannten von Herrn Bosch ist also auch ohne deren Zustimmung zulässig und rechtlich unproblematisch, sofern die verlinkten Seiten keine rechtswidrigen Inhalte enthalten.

Dasselbe gilt für das Setzen von **Deep Links**. Solche führen per Mausklick nicht auf die Startseite eines anderen Internetauftritts, sondern direkt auf eine hierarchisch tiefer liegende Seite (Unterseite) eines fremden Webauftritts. Hiergegen hatten sich verschiedene Website-Betreiber gewehrt, da ihnen bei Umgehung ihrer Startseite durch das Setzen von Deep Links Werbeeinnahmen verloren gingen. Rechtlich ergibt sich jedoch für das Setzen von Deep Links keine andere Beurteilung als für das Setzen von Surface Links, da auch hier nur auf anderenorts verfügbare Inhalte verwiesen wird. Dies hat auch der Bundesgerichtshof anerkannt. Es kann nicht verlangt werden, dass die technische Möglichkeit von Links nicht genutzt wird, nur damit dem Betroffenen keine Werbeeinnahmen entgehen. Eine andere Beurteilung ergibt sich allerdings dann, wenn durch das Setzen eines Deep-Links technische Schutzmaßnahmen umgangen werden: So können Inhalte, die z. B. eine vorherige Bezahlung voraussetzen, umgangen werden. Dadurch werden die Inhalte einem neuen Publikum zugänglich gemacht und damit urheberrechtswidrig.

Framing und Embedding

Rechtlich brisant ist die Zulässigkeit des Framings und des Setzens von Inline Links. Beim Framing und beim Setzen von Inline Links geht es darum, externe Inhalte in das Erscheinungsbild eines eigenen Angebots (z. B. Web-/Facebookseite) so einzubetten (daher auch der Oberbegriff „Embedding"), dass beim Aufruf des Angebots durch einen Internetnutzer dessen Browser veranlasst wird, den fremden Inhalt direkt von dem externen Server zu laden und in dem zuvor definierten Bereich (z. B. Web-/Facebookseite) darzustellen. Der Besucher verlässt nicht die Webpage wird auf das Ursprungsangebot verwiesen, sondern der auf dem fremden Server gespeicherte Inhalt wird in die eigene Webpage entweder als unmittelbarer Bestandteil eingebettet

(Inline Link) oder innerhalb eines vordefinierten Rahmens (Frame) eingebunden. Beim Framing wird oft ein ganzer Satz von Inhalten übernommen, während es beim Setzen von Inline Links meist um die Übernahme einzelner Medieninhalte geht. Rechtlich besteht hier ein und dasselbe Problem.

Handelt es sich bei den Inhalten um urheberrechtlich geschützte Werke, stellt sich die Frage, ob dies zulässig ist. So werden über das Einbetten im Internet fremdgespeicherte Videos zum Abruf bereitgestellt (z. B. via YouTube), Musik über internetbasierte Radioportale (z. B. radio.de, surfmusik.de) oder Fotos in den eigenen Internetauftritt eingefügt.

2015 hat der Europäische Gerichtshof entschieden, dass das Einbinden von z. B. YouTube-Videos keine Urheberrechtsverletzung darstellt, wenn dadurch kein neues Publikum erschlossen und keine neue Technik verwendet wird. Dies ist jedenfalls dann nicht der Fall, wenn der Rechteinhaber, als er die Wiedergabe erlaubte „an alle Nutzer des Internets gedacht" habe. Unklar bleibt allerdings, ob sich eine andere rechtliche Beurteilung ergibt, wenn die eingebundenen Inhalte illegal ins Netz gestellt wurden. Hier kommt es darauf an, ob diese selbst mit oder ohne Zustimmung des Rechteinhabers ins Netz gestellt wurden. Insofern ist stets sorgsam zu prüfen, ob die eingebundenen Inhalte ihrerseits rechtmäßig im Netz verfügbar sind.

Solange aber nicht alle Aspekte des Embedding höchstrichterlich geklärt sind, sollte man deutlich machen, dass es sich bei dem eingebetteten Inhalt um solchen von einer fremden Website handelt. Geschieht dies nicht, so ist dies auch wettbewerbsrechtlich unter dem Gesichtspunkt des „Ausgebens fremder Leistung als eigene" nicht unbedenklich.

Speist also Herr Bosch fremde Bilder und Videos über Inline Links oder Framing in seinen Webauftritt ein, so ist entscheidend, ob diese Inhalte rechtmäßig im Netz verfügbar sind oder nicht. Diese Prüfung kann sich in der Praxis sehr schwierig und aufwendig gestalten. Will er auf Nummer sicher gehen, sollte er besser darauf verzichten. Will er dies nicht, so sollte er auf jeden Fall darauf achten, einen deutlichen Verweis auf die Webseite, von welcher der Link stammt, anzubringen. Aber auch dann muss sich Herr Bosch darüber im Klaren sein, dass ein Gericht im Streitfall möglicherweise gegen ihn entscheidet und er sich Unterlassungs- und Schadensersatzansprüchen ausgesetzt sieht.

Hafte ich als Forenbetreiber für Inhalte anderer?

Muss Herr Bosch alle Kommentare prüfen?

Herrn Boschs Website erfreut sich mit der Zeit zunehmender Beliebtheit bei den Nutzern. Seine Seite hat nicht nur viele Besuche in Form von „Klicks". Über die Kommentarfunktion zu seinen Beiträgen äußern außerdem eine Vielzahl von Nutzern ihre persönliche Meinung zu den Themen, die Herr Bosch in seinen Blogs behandelt, und es findet eine rege Diskussion der Nutzer untereinander statt. Dabei kommt es – wenn auch selten, aber doch immer mal wieder – zu unschönen, beleidigenden Beiträgen. Herr Bosch liest eine Zeit lang alle Beiträge und löscht solche mit beleidigendem Inhalt. Da die Anzahl der Beiträge jedoch weiter steigt, stellt dies mittlerweile einen erheblichen Zeitaufwand dar. Herr Bosch fragt sich daher, ob er alle Beiträge immer lesen muss?

Eine beliebte Nutzungsform des Internets ist der Meinungsaustausch und die Kommunikation der Nutzer untereinander im Rahmen von sog. Internetforen. Hier gibt es ein vielfältiges Angebot, das von themenspezifischen Diskussions- oder Newsforen über Kommunikationsplattformen zur privaten und geschäftlichen Kontaktaufnahme bis hin zu unterschiedlichen Bewertungsportalen über Produkte, Dienstleistungen und Personen sowie Kommentarfunktionen zu sowohl professionellen journalistischen Beiträgen wie auch Laien-Blogs reicht. Solche Kommunikationsforen zeichnen sich dadurch aus, dass die Nutzer nach erfolgter Registrierung zu bestimmten Themen eigene Inhalte auf die Website des Forenbetreibers einstellen. Hierbei kann es auch immer wieder zu ehrverletzenden oder anderweitig strafrechtlich relevanten (z. B. volksverhetzenden) Äußerungen kommen. Ist auch das Hochladen von Bilder- oder Musikdateien möglich, kommen außerdem Urheberrechtsverletzungen in Betracht.

Hier stellt sich dann natürlich die Frage, inwieweit der Forenbetreiber für solche Beiträge haftet. Auch die Betreiber von Internetforen sind Diensteanbieter im Sinne des oben bereits erwähnten Telemediengesetzes. Nach den Vorschriften dieses Gesetzes sind Diensteanbieter für eigene Informationen, die sie zur Nutzung bereithalten, verantwortlich. Forenbeiträge anderer Nutzer stellen aber grundsätzlich für den Diensteanbieter fremden Inhalt dar, es sei denn, es liegt ein Fall des Zu-eigen-Machens vor.

Die Voraussetzungen für ein Zu-eigen-Machen sind allerdings auch in diesem Kontext eng. In jedem Fall sind sie nicht schon durch das Bereitstellen des Forums erfüllt. Auch die Vorgabe einer bestimmten Forenstruktur (Rubrikenvorgabe) reicht nicht aus. Nach der Rechtsprechung soll es nicht einmal genügen, wenn der Forenbetreiber vom rechtswidrig eingestellten Fotomaterial im Wege einer kostenpflichtigen Forenmitgliedschaft profitiert.

Da also ein Zu-eigen-Machen in den seltensten Fällen vorliegt, stellt sich die Frage, inwiefern der Forenbetreiber für fremde Inhalte haftbar gemacht werden kann.

Kenntnis vom Rechtsverstoß und Prüfpflichten

Forenbetreiber sind Hostprovider im Sinne des Telemediengesetzes. Das TMG bestimmt insoweit, dass Diensteanbieter für fremde Informationen nicht verantwortlich sind,

- sofern sie keine Kenntnis von der rechtswidrigen Handlung oder der Information haben
- oder sie unverzüglich tätig geworden sind, um die Information zu entfernen oder den Zugang zu ihr zu sperren, sobald sie diese Kenntnis erlangt haben.

Diese Vorschrift dient dazu, den Forenbetreiber davor zu bewahren, sein Angebot – um einer Verantwortung zu entgehen – ständig komplett überwachen zu müssen. Angesichts der teilweise enormen Datenmengen, die in Foren zusammengetragen werden, begrenzt der Gesetzgeber das Haftungsrisiko im Wesentlichen auf solche Inhalte, die dem Forenbetreiber bekannt sind. Hat der Forenbetreiber Kenntnis von rechtswidrigen Inhalten erlangt, so besteht eine Pflicht zum Tätigwerden. Er muss nun den Inhalt beseitigen und gegebenenfalls den Nutzer sperren.

Der Bundesgerichtshof hat den Hostprovider treffende Pflichten und das durchzuführende Verfahren in einer Entscheidung, in der es um einen Weblog ging, konkretisiert. Ein Tätigwerden des Hostproviders ist danach zunächst nur dann veranlasst, wenn der (Kenntnis schaffende) Hinweis eines Betroffenen so konkret gefasst ist, dass der Rechtsverstoß auf der Grundlage seiner Behauptungen unschwer (d. h. ohne eingehende rechtliche und tatsächliche Überprüfung) bejaht werden kann.

Die Beanstandung des Betroffenen ist dann zunächst an den für den Blog Verantwortlichen zur Stellungnahme weiterzuleiten. Bleibt eine Stellungnahme innerhalb einer nach den Umständen angemessenen Frist aus, ist von der Berechtigung der Beanstandung auszugehen und der beanstandete Eintrag ist zu löschen.

Stellt der für den Blog Verantwortliche die Berechtigung der Beanstandung substanziiert in Abrede und ergeben sich deshalb berechtigte Zweifel, ist der Hostprovider grundsätzlich gehalten, dies dem Betroffenen mitzuteilen und gegebenenfalls Nachweise zu verlangen, aus denen sich die behauptete Rechtsverletzung ergibt.

Bleibt eine Stellungnahme des Betroffenen aus oder legt er gegebenenfalls erforderliche Nachweise nicht vor, ist eine weitere Prüfung nicht veranlasst. Ergibt sich aus der Stellungnahme des Betroffenen oder den vorgelegten Belegen auch unter Berücksichtigung einer etwaigen Äußerung des für den Blog Verantwortlichen eine rechtswidrige Verletzung des Persönlichkeitsrechts, ist der beanstandete Eintrag zu löschen.

Nach der Rechtsprechung des Bundesgerichtshofs berührt die Vorschrift des TMG zur Haftung des Hostproviders nicht die Anwendbarkeit der sog. **Störerhaftung**. Das führt dazu, dass Forenbetreiber im Ergebnis doch bestimmte Prüfpflichten haben.

Wie weit reicht die Prüfpflicht?

Inwieweit eine Überprüfung stattzufinden hat, ist stets nach den Umständen des Einzelfalls zu bestimmen und kann nicht pauschal für alle Erscheinungsformen der Internetforen beantwortet werden. Fest steht nur, dass keine generelle Vorabprüfungspflicht besteht. Inhalt und Umfang der Prüfungspflichten variieren je nach Art des Forums.

> *eBay*
>
> *Für größere Internetplattformen, bei denen sich Rechtsverletzungen häufen, hat die jüngere Rechtsprechung verschärfte Haftungsmaßstäbe angenommen. Für das Internetauktionshaus eBay, bei dem es regelmäßig zu Markenrechtsverstößen kam, hat der BGH entschieden, dass es zumutbare Vorsorgemaßnahmen treffen muss, um gleichwertige oder ähnliche Rechtsverletzungen zu verhindern. Dies kann gegebenenfalls durch den Einsatz von Filtersoftware erfolgen.*

Auf den Betreiber eines einfachen Meinungsforums lässt sich diese Rechtsprechung allerdings nicht ohne Weiteres übertragen. Dem Betreiber eines an sich zulässigen Internetforums ist es nicht zumutbar, ohne besonderen Anlass tätig zu werden und sein Forum ständig nach Rechtsverletzungen jeder Art zu durchsuchen. Eine weitergehende Prüfungspflicht in einem konkreten Forum kann aber dadurch entstehen, dass die Umstände des Einzelfalls nahelegen, dass weitere Rechtsverstöße zu erwarten sind. Dies kann etwa dadurch begründet sein, dass ein besonders provozierender Eintrag gepostet wurde.

In Fällen, in denen Rechtsverletzungen erfahrungsgemäß häufiger auftreten, können neben dem Einsatz von Filtersoftware Maßnahmen zu einer besseren Überwachung auch darin bestehen, eine Flag-Funktion anzubieten, mit der andere Nutzer auf Rechtsverstöße hinweisen können. So findet sich z. B. bei YouTube unter dem Video rechts ein Button mit einer Fahne darauf, über den unangemessene Videos gemeldet werden können.

Man kann sich an folgender Faustregel orientieren:

> Je häufiger Rechtsverstöße in einem Forum vorkommen, desto umfangreicher ist die Prüfungspflicht des Forenbetreibers. Entscheidende Faktoren für umfangreichere Prüfungspflichten können das wirtschaftliche Eigeninteresse des Betreibers, die Reichweite des Angebots, die inhaltliche Gefahrgeneigtheit der angesprochenen Themen (Forum zu politischen, religiösen oder sexuellen Themen) oder die Betreiberart (gewerblich statt privat) sein.

!

Haftung für Inhalte auf großen Internetplattformen und im Rahmen von Social Media

Zu diesem Regelungssystem ist 2017 das **Netzwerkdurchsetzungsgesetz (NetzDG)** getreten. Es betrifft ausschließlich Soziale Netzwerke, die im Inland mehr als zwei Millionen registrierte Nutzer aufweisen. So unterliegen Plattformen wie Facebook, Twitter und YouTube nunmehr den Vorschriften des NetzDG. Das Gesetz enthält Verfahrensvorschriften für den Umgang mit Beiträgen, die einen der gesetzlich genau benannten strafrechtlichen Katalogtaten erfüllen. So müssen die Plattformanbieter geeignete Verfahren vorhalten, um rechtswidrige Beiträge entweder innerhalb von 24 Stunden (bei „offensichtlich rechtswidrigen Inhalten") oder in der Regel innerhalb von sieben Tagen (bei „schlicht" rechtswidrigen Beiträgen) zu entfernen. Andernfalls drohen den Anbietern drakonische Bußgelder. Insofern wurden die Prüfpflichten für diese Plattformanbieter nochmals verschärft. Das Gesetz stellt damit einen wichtigen Beitrag zur Internetregulierung dar und soll Hasskriminalität im Netz bekämpfen.

Wie hafte ich bei einer Pflichtverletzung?

Im Rahmen der zivilrechtlichen Haftung sind Schadensersatz einerseits sowie Unterlassungs- und Beseitigungsansprüche andererseits zu unterscheiden. Der Schadensersatzanspruch ist verschuldensabhängig und kommt, wenn sich der Diensteanbieter die Information Dritter nicht zu eigen gemacht hat, erst dann zum Tragen, wenn der Forenbetreiber Kenntnis vom Rechtsverstoß erlangt hat und keine Maßnahmen einleitet, den rechtswidrigen Zustand abzustellen. Dagegen sind Unterlassungs- und Beseitigungsansprüche verschuldensunabhängig. Für den verschuldensunabhängigen (vorbeugenden) Unterlassungsanspruch kommt es darauf an, ob zumutbare Prüfpflichten verletzt wurden. Die Löschung eines Eintrags kann erst ab Kenntnis des rechtswidrigen Postings verlangt werden.

Das Betreiben eines Forums kann auch strafrechtliche Konsequenzen nach sich ziehen – z. B. bei Ehrschutzdelikten (§§ 185 ff. StGB) oder Verstößen gegen Jugendschutzvorschriften oder das Urheberrecht. Auch hier gilt jedoch: Hat der Forenbetreiber keine Kenntnis von den rechtswidrigen Beiträgen, so scheitert eine Strafbarkeit am fehlenden Vorsatz. Handelt es sich um regelmäßig wiederkehrende rechtswidrige Beiträge oder ist der Forenbetreiber hinsichtlich der Rechtsverletzung sogar bereits abgemahnt worden, so lässt sich ein Vorsatz möglicherweise bejahen.

Für die Kosten der Abmahnung, mit der der Hostprovider erstmalig über die Rechtsverletzung in Kenntnis gesetzt wird, haftet er grundsätzlich nicht.

In unserem Fall ist Herr Bosch also nicht verpflichtet, sämtliche Kommentare zu seinen Beiträgen zu lesen und auf Rechtmäßigkeit zu prüfen, da Rechtsverletzungen nur sehr selten vorkommen. Tut er es jedoch oder erlangt er auf andere Weise Kenntnis von rechtswidrigen Inhalten auf seiner Seite, so ist er zur unverzüglichen Löschung verpflichtet.

Auf den Punkt gebracht

- Das Verlinken auf eine andere Website ist grundsätzlich zulässig. Vorsicht ist allerdings geboten, wenn Links auf Seiten gesetzt werden, die nicht ohne Bedenken als urheberrechtskonform beurteilt werden können.
- Macht sich der Linksetzer den Inhalt der fremden Seite zu eigen, so haftet er dafür ebenso wie für eigene Inhalte. Will er dies nicht, muss er sich von der fremden Seite ausreichend distanzieren. Ein pauschaler „Disclaimer" leistet eine solche Distanzierung nicht.

- Die Zulässigkeit von Embedding/Framing, ist in der Praxis oftmals schwer zu festzustellen. Im Zweifel sollte hier anwaltlicher Rat eingeholt werden.
- Forenbetreiber sind für eigene Informationen, die sie zur Nutzung bereithalten, verantwortlich – für die Beiträge anderer Nutzer grundsätzlich nicht.
- Ein Forenbetreiber muss von Dritten eingestellte Informationen grundsätzlich nicht vorab überprüfen.
- Erlangt der Forenbetreiber Kenntnis von rechtswidrigen Inhalten, muss er diese unverzüglich löschen.
- Häufen sich Rechtsverstöße, können nachträgliche Prüfungspflichten ausgelöst werden. Deren Umfang hängt von der konkreten Ausgestaltung des Forums ab.
- Große Plattformanbieter und Betreiber Sozialer Netzwerke unterliegen ab Erreichen des Schwellenwerts den neuen gesetzlichen Vorschriften durch das Netzwerkdurchsetzungsgesetz.

Wie steht es mit dem Datenschutz?

> ***Darf Herr Bosch Daten zur Verfügung stellen?***
>
> *Um auf Herrn Boschs Seite Beiträge kommentieren zu können, müssen sich die Nutzer zuvor registrieren. Hierzu werden Name, Anschrift, Telefonnummer und E-Mail-Adresse abgefragt. Von einem Marktforschungsinstitut erhält Herr Bosch ein lukratives Angebot für das Zurverfügungstellen der Daten. Herr Bosch weiß, dass er die Daten nicht ohne Einwilligung der Nutzer weiterreichen darf. Er richtet die Registrierungsfunktion daher so ein, dass die Nutzer zur Registrierung ein Kästchen anklicken müssen, womit sie der Weitergabe der Daten und der Verwendung zu Marktforschungszwecken zustimmen. Darf Herr Bosch die so erlangten Daten an das Datenforschungsinstitut weitergeben?*

Neue datenschutzrechtliche Grundsätze ab Mai 2018

Die Vorschriften zum Datenschutz sollen einen transparenten und reglementierten Umgang mit personenbezogenen Daten gewährleisten. Jeder Einzelne soll über die Preisgabe und Verwendung seiner Daten bestimmen und nicht zum Objekt einer unkontrollierten Datenverarbeitung werden. Grundsätzlich gilt nach der ab 25. Mai 2018 geltenden EU-Datenschutz-Grundverordnung (DS-GVO) für Unternehmen u. a. Folgendes:

- Ein Umgang mit personenbezogenen Daten ist grundsätzlich verboten und für ein Unternehmen nur nach festen Regeln zulässig. Etwa dann, wenn der Betroffene

eingewilligt hat, sie zum Abschluss oder Durchführung eines Vertrages erhoben werden oder sie ausnahmsweise erlaubt ist, etwa durch eine **Rechtsvorschrift**.

- Eine Datenverarbeitung ist nur für eindeutige, zuvor festgelegte und rechtmäßige **Zwecke** zulässig, die der Bürger kennen muss.
- Unternehmen, die Daten verarbeiten, treffen gegenüber dem Bürger umfangreiche **Informationspflichten**.
- Der Bürger hat gegenüber Unternehmen zudem ein umfassendes **Auskunftsrecht** über die Daten, die das Unternehmen über ihn speichert.
- Daten, die ein Kunde selbst eingebracht hat, kann er im Rahmen des Rechts auf **Datenübertragbarkeit** in einem für seinen Computer lesbaren Format vom Unternehmen herausverlangen. Wer etwa von seiner Bank wissen möchte, welche Überweisungen er in der Vergangenheit getätigt hat, der kann sich das auf diese Weise mitteilen oder die Informationen an einen Dritten weitergeben lassen.
- Ein weiterer Aspekt wird das im Zuge der DS-GVO eingeführte sog. „**Recht auf Vergessenwerden**" sein. Danach hat der Betroffene das Recht vom Verantwortlichen die Löschung seiner personenbezogenen Daten zu verlangen, wenn besondere Voraussetzungen vorliegen. Unter gewissen Voraussetzungen müssen Suchmaschinenbetreiber Links (nicht Inhalte) zu personenbezogenen Informationen von Privatpersonen entfernen. Insofern kann dem Persönlichkeitsrecht des Betroffenen der Vorrang vor dem Informationsinteresse der Öffentlichkeit zukommen.
- Bei einem Verstoß gegen datenschutzrechtliche Pflichten kann der Bürger gegebenenfalls Schadensersatz verlan-

gen. Unternehmen, die gegen den Datenschutz verstoßen, drohen ab Mai 2018 drakonische Bußgelder von bis zu 4 % ihres Jahresumsatzes.

Wichtig ist, dass ausschließlich persönliche oder familiäre Tätigkeiten vom strengen Datenschutzrecht der DS-GVO ausgenommen sind. Die übliche Nutzung Sozialer Netzwerke, etwa eine Facebook-Fanpage oder auch das Betreiben (geschlossener) Nutzergruppen, geht aber nach der Rechtsprechung häufig über den persönlichen oder familiären Bereich hinaus.

Bestimmungen für Social Media, Website & Co.

Die für den Betreiber einer Website und für Social-Media-Portale geltenden datenschutzrechtlichen Bestimmungen finden sich im Telemediengesetz. Dieses soll aber 2018 durch die sog. **E-Privacy-Verordnung** ersetzt werden. Hier wird es neue Datenschutzvorschriften geben (vgl. dazu die Ausführungen unten im Rahmen von Cookies).

Erlaubnistatbestände

Gesetzliche Erlaubnistatbestände finden sich im Telemediengesetz für Bestands- und Nutzungsdaten. Bestandsdaten, d. h. Daten, die für die Begründung, inhaltliche Ausgestaltung oder Änderung eines Vertragsverhältnisses zwischen dem Verantwortlichen und dem Betroffenen erforderlich sind (Name und Anschrift des Vertragspartners), dürfen erhoben werden. Auch für Nutzungsdaten, d. h. personenbezogenen Daten, die erforderlich sind, um die Erfüllung einer rechtlichen Verpflichtung (wie die Inanspruchnahme von Telemedien) zu ermöglichen, gibt es Erlaubnistatbestände. Nutzungsdaten sind im Gegensatz zu Bestandsdaten solche Daten, die bei der Interaktion zwischen Betroffenem und Verantwortlichem während der Nutzung des Dienstes entstehen. Die künftige DS-GVO wird diese Unterscheidungen allerdings aufgeben und pauschal auf die Rechtmäßigkeit der Verarbeitung abstellen.

Einwilligung

Erlaubt ist die Verarbeitung der Daten auch, wenn der Betroffene nachweislich eingewilligt hat.

- Ein stillschweigendes Einverständnis, vorangekreuzte Kästchen oder die Untätigkeit des Betroffenen sind keine wirksame Einwilligung.
- Der Betroffene hat das Recht, die Einwilligung jederzeit zu widerrufen. Darauf ist er bei Abgabe der Einwilligung hinzuweisen.

Macht ein Anbieter die Bereitstellung seiner Website bzw. seines Dienstes davon abhängig, dass der Nutzer als Betroffener in eine Verwendung seiner Daten zu anderen Zwecken (etwa zu Zwecken der Werbung/Marktforschung oder zur anderweitig veranlassten Übermittlung der Daten an Dritte) einwilligt, so ist die Einwilligung unwirksam, sofern dem Nutzer ein anderer Zugang zu dem betreffenden Dienst nicht oder nicht in zumutbarer Weise möglich ist.

Eine Erneuerung bereits bestehender Einwilligungserklärungen, ist gegebenenfalls erforderlich, wenn sie den Anforderungen nach der DS-GVO nicht entspricht.

Bei Herrn Boschs Website ist wohl davon auszugehen, dass genügend gleichartige Angebote (Meinungsforen) existieren, sodass eine Einwilligung der Nutzer in diesem Fall nicht als unfreiwillig anzusehen wäre. Gleichwohl reicht ein voreingestelltes Häkchen in einer Checkbox im Rahmen der Registrierung nicht aus. Die Datenschutzerklärung muss vielmehr besonders hervorgehoben und vom Betroffenen durch aktive Einwilligung bestätigt werden.

Datenschutzrechtliche Pflichten

Die Datenschutzbestimmungen im Telemediengesetz und der DS-GVO begründen besondere Pflichten der Verantwortlichen (Diensteanbieter). Wichtig ist vor allem:

Der Betroffene (Nutzer) ist über den Namen und die Kontaktdaten des Verantwortlichen, Art, Umfang, Ort, Dauer und Zweck der Erhebung und Nutzung seiner Daten vor deren Erhebung in präziser, transparenter verständlicher und leicht zugänglicher Form zu informieren.

Dies erfolgt über eine **Datenschutzerklärung**, die aber hinreichend konkret sein muss. Pauschale Hinweise – etwa „Wir verarbeiten Daten nur im Einklang mit den geltenden Gesetzen" – reichen nicht aus.

Herr Bosch muss auf seiner Website eine Datenschutzerklärung bereithalten. Deren genaue Ausgestaltung hängt grundsätzlich davon ab, ob es sich um eine rein informierende Website handelt oder ob die Seite weitergehende Funktionen, die mit einer Datenerhebung einhergehen, bereithält (z.B. Onlineshop, Newsletter-Funktion). Besonders kritisch wird es, wenn Kundendaten auch an Dritte weitergegeben oder besonders sensible Daten (z.B. vor dem Hintergrund einer Bonitätsprüfung) erhoben werden.

Bei der Formulierung einer solchen Datenschutzerklärung sollte dringend anwaltlicher Rat eingeholt werden. Die im Netz verfügbaren Musterdatenschutzerklärungen können hilfreich, aber auch gefährlich unvollständig sein.

Datenschutz bei Nutzung von Social Media durch öffentliche Stellen

Öffentliche Stellen nutzen gerade im Rahmen ihrer Öffentlichkeitsarbeit und der Bereitstellung allgemeiner Informationen der Verwaltung zunehmend Social-Media-Portale wie Facebook, Twitter & Co. Insofern ergibt sich eine datenschutzrechtliche Mitverantwortung, wenn sie Soziale Netzwerke im Rahmen ihrer Aufgabenerfüllung einsetzen. So müssen der Grundsatz der Datensparsamkeit bei der Verarbeitung von Nutzungsdaten ebenso beachtet werden wie eine den datenschutzrechtlichen Anforderungen entsprechende Information hinsichtlich der Datenverarbeitung im Rahmen einer Datenschutzerklärung. Zudem gelten über die oben beschriebenen Vorgaben hinaus strenge Dokumentationspflichten (hinsichtlich des Social-Media-Konzepts, Evaluation und künftig einer Datenschutz-Folgenabschätzung nach Art. 35 DS-GVO).

Datenschutzrechtliche (Mit-)Verantwortlichkeit der Betreiber von Fanpages bei Facebook

Ein Unternehmen betreibt eine Fanpage auf Facebook. Mittels eines von Facebook im Rahmen der Nutzung bereitge-

stellten Tools („Facebook Insights") kann das Unternehmen Besucherstatistiken von Facebook erhalten, die anonyme Informationen über die Eigenschaften und Gewohnheiten der Besucher der Fanpage gestatten.

Die Frage nach einer datenschutzrechtlichen Mitverantwortlichkeit der Betreiber von Fanpages auf Facebook steht momentan auf europäischer Ebene zur Debatte. Der Generalanwalt am Europäischen Gerichtshof äußerte sich im Herbst 2017 dahingehend, dass auch das Unternehmen sehr wohl für die Erhebung der personenbezogenen Daten mitverantwortlich sei. Denn indem der Betreiber der Fanpage Facebook für die Verarbeitung der Daten nutze, schließe er sich der Verarbeitung zum Zwecke der Erstellung der Besucherstatistiken an. Sollte sich diese Einschätzung des Generalanwaltes beim Europäischen Gerichtshof durchsetzen, hätte dies weitreichende Konsequenzen u. a. hinsichtlich der Informationspflichten für die Betreiber von Fanpages auf Facebook.

Sonderproblem Cookies

Ein Cookie ist ein Datensatz, der von einem Webserver erzeugt wird. Der Server übermittelt den Datensatz zunächst an den Webbrowser des Users, wo er dann als Cookie-Datei auf der Festplatte des Rechners abgelegt wird. Cookies können beispielsweise zur Freischaltung geschützter Websites dienen, wenn in der Cookie-Datei das entsprechende Passwort hinterlegt ist. Über Cookies können auch Nutzerprofile generiert werden, indem Informationen gesammelt werden, welche Seiten des Webservers abgerufen wurden und über welche Internetadresse (IP) des Users dies erfolgt ist.

Gerade bei Onlinekäufen ist das Setzen von Cookies üblich. Der Onlineshop kann erkennen, dass ein bereits bekannter Kunde das Shopangebot erneut aufruft, und passende Angebote (auf Grundlage seiner bisheriger Einkäufe und vorgemerkter Artikel) präsentieren.

Weiter sind verschiedene Arten von Cookies zu unterscheiden. Neben Browser-Cookies (auch „HTML-Cookies" genannt) werden heute verstärkt auch Flash-Cookies eingesetzt. Was die Dauer ihrer Existenz angeht, sind zeitlich auf eine Sitzung beschränkte Session-Cookies und dauerhaft auf einem Rechner verbleibende (persistente) Cookies zu unterscheiden.

Bislang gilt in Deutschland noch die europäische „**Cookie-Richtlinie**". Nach derzeitigen europäischen Bestrebungen wird diese Richtlinie in Zukunft allerdings von der **E-Privacy-Verordnung** ersetzt, die unmittelbar auch in Deutschland gelten wird. Insofern werden sich **neue Rahmenbedingungen** für die Verwendung von Cookies ergeben. Nach gegenwärtigen Entwürfen sollen in Zukunft die Browsereinstellungen standardmäßig so voreingestellt sein, dass Cookies zunächst einmal nicht akzeptiert werden.

Einsatz von Reichweitenanalyse-Tools

Reichweitenanalyse für Herrn Bosch

Herr Bosch möchte seine Website noch mehr auf sein Publikum zuschneiden. Er möchte wissen, welche seiner Seiten besonders stark nachgefragt sind und welche weniger. Hierzu möchte er ein im Internet kostenlos angebotenes Werkzeug zur Reichweitenanalyse einsetzen. Was muss er beachten?

Websitebetreiber haben ein Interesse daran, Reichweite und Inanspruchnahme ihres Angebots zu analysieren. Zu diesem Zweck werden Tracking Tools (etwa Google Analytics) in die Website eingebunden. Diese Tools sind in der Lage, neben technischen Daten der Seitenbesucher (Betriebssystem, Browser, Herkunftsseiten) auch deren IP-Adresse zu speichern. Bei IP-Adressen unterscheidet man dynamische und statische Adressen.

Statische und dynamische IP-Adresse

Bei statischen Adressen wird eine bestimmte IP-Nummer einem bestimmten Nutzer bzw. dessen Rechner fest zugewiesen. In der Regel wird die Adresse allerdings dynamisch, d. h. nur für die Dauer einer Internetverbindung, vergeben. Für jede neue Verbindung wird dem User aus dem providerseitig zur Verfügung stehenden Pool von Adressen eine neue Adresse zugewiesen. Bei statischen IP-Adressen lässt sich die Identität desjenigen, der den Anschluss beantragt hat, ohne größeren Aufwand ermitteln. Schwieriger, aber auf Grundlage der beim Accessprovider vorliegenden Daten ebenfalls möglich, ist die Identifizierung bei dynamischen IP-Adressen.

Auch dynamische IP-Adressen sind nach der Rechtsprechung grundsätzlich als personenbezogene Daten einzustufen. Dies ist deshalb relevant, weil personenbezogene Daten nur dann erhoben und verarbeitet werden dürfen, wenn der Betroffene zuvor entsprechend belehrt wurde und eingewilligt hat (vgl. obige Ausführungen).

Festzuhalten bleibt, dass zumindest Tracking-Tools, die vom Website-Betreiber selbst eingesetzt werden, um Besucherzahlen der Seite festzuhalten, nach den neuen Rahmenbedingungen grundsätzlich zulässig sind. Weitergehende Tools bedürfen der Einwilligung seitens der Nutzer.

Auftragsverarbeitung

Um den strengen Vorgaben des Datenschutzes gerecht werden, darf nur ein Dienst gewählt werden, der es zulässt, IP-Adressen nur gekürzt weiterzuverarbeiten. Wenn Analysetools eingesetzt werden, muss in der Datenschutzerklärung darauf sowie auf die Möglichkeit eines Widerspruchs hingewiesen werden. Werden in die Reichweitenmessung (wie im Fall Google Analytics) Dritte einbezogen, liegt darüber hinaus ein Fall der Datenverarbeitung im Auftrag vor. Es bedarf einer Vereinbarung zur Auftragsdatenverarbeitung zwischen dem Anbieter und Google, in der sich der für die Verarbeitung Verantwortliche als Auftraggeber (Betreiber der Website, die das Analysetool einsetzt) und der Auftragsverarbeiter als Auftragnehmer (Betreiber des Analysedienstes, also Google) die Einhaltung technischer und organisatorischer Schutzmaßnahmen vereinbaren.

!

Nutzer, die den Reichweitenanalysedienst Google Analytics verwenden, handeln datenschutzkonform, wenn sie

- mit Google einen Vertrag zur Auftragsdatenverarbeitung abschließen,
- die Datenschutzerklärung entsprechend anpassen und
- Einstellungen im Google-Analytics-Programmcode entsprechend vornehmen.

War Google Analytics schon vor Ergreifen der oben genannten Maßnahmen in die Website eingebunden, war die bisherige Erhebung der Daten (Altdaten) u. U. rechtswidrig, was grundsätzlich eine Pflicht zur Löschung begründet.

Facebook: Like-Button

Websitebetreiber können auf ihren Seiten mit technisch geringem Aufwand (Einbindung des Programmcodes von Facebook) den „Gefällt mir"-Button anbringen. Klickt ein auf der Plattform registrierter Nutzer auf diesen Button, so wird dies direkt an den Facebook-Server übermittelt. Dort wird die aufgerufene URL, über die der „gelikte" Inhalt angesteuert wurde, im Profil des Nutzers gespeichert.

Ob der Einsatz des Facebook-Like-Buttons datenschutzrechtlich zulässig ist, beschäftigt derzeit die Rechtsprechung.

So entschieden deutsche Gerichte, dass die Einbindung des Facebook-Like-Buttons in der Praxis vieler Unternehmen dem Datenschutzrecht widerspricht. Denn bereits durch den Besuch der Seite werden personenbezogene Daten der Nutzer erhoben. Die so gesammelten Daten dürfen folglich nicht ohne vorherige Einwilligung der Nutzer verarbeitet werden. Diesen Anforderungen ist in der Praxis nunmehr nach Auffassung des Gerichts etwa durch eine „**Zwei-Klick-Lösung**" Rechnung zu tragen: Zunächst ist der Like-Button zu betätigen und im Anschluss daran öffnet sich ein Fenster mit einer Datenschutzerklärung. Erst nach deren gesonderter Bestätigung durch den Nutzer ist eine Verarbeitung der Daten möglich. Zu beachten ist hierbei, dass die Datenschutzerklärung die Nutzer über die Art, den Inhalt und die Zwecke der Verarbeitung zu informieren hat. Ohne Kenntnis der genau übertragenen Daten an Facebook und deren Verwendungszwecke ist es für die Websitebetreiber nicht möglich, eine datenschutzrechtliche Belehrung herbeizuführen, die Voraussetzung einer wirksamen Einwilligung ist. Derzeit klärt der Europäische Gerichthof, ob die Einbindung des Facebook-Like-Buttons auf einer Internetseite datenschutzrechtlich zulässig ist.

Da nunmehr datenschutzrechtlich gegen private Websitebetreiber vorgegangen wurde, sollte man sich des Risikos (auch Bußgeld) einer Einbindung des Facebook-Like-Buttons bewusst sein.

Auf den Punkt gebracht

- Ein Websitebetreiber darf personenbezogene Daten nur Erheben oder Verwenden, soweit der Betroffene eingewilligt hat oder eine gesetzliche Vorschrift es gestattet.
- Erteilt der Nutzer eine Einwilligung, muss diese freiwillig sein. Die Erklärung der Einwilligung kann elektronisch (z. B. Häkchen in Checkbox) erfolgen, der Nutzer kann sie jederzeit mit Wirkung für die Zukunft widerrufen.
- In einer Datenschutzerklärung ist der Nutzer über Art, Umfang, Ort und Zweck der Erhebung und Nutzung seiner Daten vor deren Erhebung zu informieren.
- Der Einsatz von Cookies, Reichweitenanalyse-Tools sowie das Setzen des Facebook-Like-Buttons auf der eigenen Website sind datenschutzrechtlich nur unter engen Voraussetzungen möglich.

Wie werbe ich im Internet?

Werbe-Mails für registrierte Nutzer

Aufgrund der großen Beliebtheit seiner Website erschließt sich Herr Bosch zunehmend eine neue Einkommensquelle, indem er Werbebanner auf seiner Website platziert. Dazu hat er außerdem die Idee, die im Rahmen der Registrierung von den Nutzern angegebenen E-Mail-Adressen dazu zu verwenden, ihnen E-Mails zu Werbezwecken zu senden. Darf er das?

Das Internet bietet für Unternehmen auch ganz neue Werbemöglichkeiten. Anders als bei klassischer Fernseh- oder Plakatwerbung können Internetnutzer direkt angesprochen werden.

Neben den herkömmlichen Werbebotschaften bietet das Internet neue Werbeformen wie eingeblendete Werbebanner, individuelle Ansprache via E-Mail-Werbung oder Popups (= Auftauchen eines neuen Fensters, in dem die Werbung abgespielt oder angezeigt wird). Nicht alle neuartigen Werbeformen sind ohne Weiteres rechtlich zulässig. Neben datenschutzrechtlichen Vorschriften und den künftig neuen Anforderungen der DS-GVO sind hier vor allem auch wettbewerbsrechtliche Regelungen zu berücksichtigen.

Welche Informationspflichten habe ich?

Unter kommerzieller Kommunikation versteht man sämtliche Maßnahmen, die in irgendeiner Art und Weise den Absatz oder das Erscheinungsbild von Personen zu wirtschaftlichen Zwecken fördern.

Neben den genannten Formen der Werbung (E-Mail-Werbung, Werbebanner, Pop-ups) fällt hierunter auch der Internetauftritt eines Unternehmens oder Freiberuflers. Davon ausgenommen sind Angaben in Bezug auf Waren und Dienstleistungen oder das Erscheinungsbild eines Unternehmens, einer Organisation oder Person, die unabhängig und insbesondere ohne finanzielle Gegenleistung gemacht werden (z. B. Stiftung Warentest).

Kommerzielle Kommunikation muss für den Verbraucher immer als solche erkennbar sein, was bedeutet, dass Werbung und Information auch im Internet eindeutig voneinander zu unterscheiden sein müssen (Trennungsgrundsatz).

Das bedeutet:

- Der kommerzielle Kommunikationsanbieter muss als solcher klar zu erkennen sein.
- Der Auftraggeber der kommerziellen Kommunikation muss ebenfalls identifizierbar sein.
- Der Diensteanbieter muss Klarheit über bestimmte Werbemaßnahmen schaffen (wie etwa Gewinnspiele, Preisausschreiben, Geschenke, Preisnachlässe etc.).
- Das Versenden von E-Mails, die durch irreführende Gestaltung der Kopf- und Betreffzeile entweder die Identität des Absenders oder den kommerziellen Inhalt verschleiern oder verheimlichen, ist verboten.

Verstöße hiergegen stellen Ordnungswidrigkeiten dar, die mit einer Geldbuße in Höhe von bis zu 50.000 Euro geahndet werden können.

Sofern im Rahmen der Datenverarbeitung der Anwendungsbereich der DS-GVO eröffnet ist, werden den Verantwortlichen im Rahmen einer Werbung darüber hinaus besondere Informationspflichten treffen. So müssen die Kunden in

- präziser, transparenter, verständlicher und leicht zugänglicher Form
- in einer klaren und einfachen Sprache
- über die Rechtsgrundlage der Verarbeitung, die Verarbeitungszwecke, die Kontaktdaten des Verantwortlichen und
- dessen berechtigte Interessen sowie
- die Möglichkeit eines Werbewiderspruchs informiert werden.

Werbung ist ein legitimes unternehmerisches Interesse und sie kann danach entweder aufgrund einer Einwilligung des Betroffenen oder eines Erlaubnistatbestands (insbesondere die Interessenabwägungsklausel nach Art. 6 Abs. 1 lit. f DS-GVO ist hier relevant) zulässig sein.

Welche Werbeformen sind problematisch?

E-Mail-Werbung

Das Versenden von Werbe-E-Mails kann einen Verstoß gegen das Wettbewerbsrecht darstellen. Die Zulässigkeit der

Werbeansprache regelt gegenwärtig das Gesetz gegen unlauteren Wettbewerb (UWG) und künftig (ab 25. Mai 2018) die Vorgaben der DS-GVO sowie der (nach gegenwärtigem Stand Ende 2018 zu erwartenden) E-Privacy-VO.

Eine E-Mail-Werbung stellt grundsätzlich eine unzumutbare Belästigung dar, wenn der Adressat keine vorherige ausdrückliche Einwilligung zum Erhalt der E-Mail erteilt hat. Eine mutmaßliche Einwilligung genügt nicht.

Bei bestehenden Vertragsbeziehungen zwischen Werbendem und Adressaten kann eine E-Mail-Werbung ausnahmsweise zulässig sein, wenn

- der Werbende vom Adressaten die E-Mail-Adresse im Zusammenhang mit dem Verkauf einer Ware oder Dienstleistung erhalten hat,
- der Werbende die E-Mail-Adresse nur zur Direktwerbung für eigene ähnliche Waren oder Dienstleistungen verwendet,
- der Adressat der Verwendung der E-Mail-Adresse für Direktwerbung nicht widersprochen hat und
- der Werbende sowohl bei Erhebung als auch Verwendung der E-Mail-Adresse den Adressaten klar und deutlich darauf hingewiesen hat, dass er der Verwendung jederzeit widersprechen kann.

Liegen diese Voraussetzungen nicht **vollständig** vor, so ist E-Mail-Werbung nur zumutbar, wenn der Adressat eingewilligt hat.

Zur Erteilung der Einwilligung hat sich in der Praxis des E-Mail-Marketings das sog. Opt-in-System durchgesetzt. Nur bei Briefwerbung ist das sog. Opt-out-Verfahren mit voreingestellter Haken zulässig.

Beim Opt-in unterscheidet man das einfache Opt-in-System vom Double-Opt-in. Beim einfachen Opt-in-Verfahren willigt der Nutzer in die Zusendung von Werbe-E-Mails ein, indem er sich einmalig auf der Website des Werbenden mit seiner E-Mail-Adresse z.B. für einen Newsletter einträgt oder während des Bestellprozesses ein Häkchen in das dafür vorgesehene Kästchen setzt.

Beim Double-Opt-in-Verfahren erfolgt die Versendung einer E-Mail-Werbung erst dann, wenn der Adressat insgesamt zweimal zugestimmt hat. Nach Ausfüllen eines Onlineformulars oder Eintragung für einen Newsletter erhält der Adressat hierzu zunächst eine E-Mail, in der er aufgefordert wird, durch Aufruf eines in der E-Mail enthaltenen Links den Registrierungsvorgang endgültig abzuschließen. Nur wenn er diesen Link bestätigt, erhält der Adressat zukünftig E-Mail-Werbung.

Juristisch betrachtet ist das Double-Opt-in-Verfahren dem einfachen Opt-in-Verfahren vorzuziehen, denn es verhindert einen Missbrauch. So kann es beim einfachen Opt-in vorkommen, dass ein Dritter unbefugt die E-Mail-Adresse des Nutzers ohne dessen Wissen für einen Newsletter einträgt. An einer wirksamen Einwilligung würde es dann fehlen, denn eine solche setzt immer voraus, dass sie bewusst und eindeutig erfolgt.

Eine Einwilligung ist dann bewusst erfolgt, wenn dem Nutzer bei deren Erteilung hinreichend klar ist, worauf sie sich konkret bezieht. Insofern ist den oben aufgeführten Informationspflichten hinreichend Rechnung zu tragen. Er muss daher nicht nur über Art und Umfang der Verwendung seiner E-Mail-Adresse aufgeklärt werden, sondern etwa auch über Themen und Häufigkeit des Newsletters. Außerdem muss er auf die Möglichkeit des jederzeitigen Widerrufs hingewiesen werden.

> *Herr Bosch und seine Werbe-Mails*
>
> *Da Herr Bosch in keinerlei vertraglichen Geschäftsbeziehungen zu seinen Nutzern steht, kommt eine Zulässigkeit der E-Mail-Werbung unter diesem Gesichtspunkt nicht in Betracht. Eine Einwilligung durch die Nutzer scheidet demnach aus. Herr Bosch darf also die E-Mail-Adresse der Nutzer dazu verwenden, sie zu Werbezwecken anzuschreiben, wenn dies im Rahmen einer Interessenabwägung zulässig ist. Insbesondere bei einem Verstoß gegen wettbewerbsrechtliche Vorschriften oder im Falle der Ausübung eines Widerspruchsrechts durch die betroffenen Nutzer, ist die Verwendung der E-Mail-Adresse für die Nutzung zu Werbezwecken unzulässig.*

Jede Form der Werbung, bei der die Identität des Absenders verschleiert oder verheimlicht wird oder keine gültige Adresse vorhanden ist, an die der Nutzer sich (zwecks Widerruf) wenden kann, ist verboten (sog. Verbot anonymer Direktwerbung).

Keyword Advertising und Metatags

> *Frau Fuchs rächt sich*
>
> *Frau Fuchs, darüber verärgert, dass ihr der Konkurrent aus Mainz die Fanpage „Laufprofi-Rhein Main" auf Facebook weggeschnappt hat, möchte zurückschlagen. Bei Google*

AdWords entwirft sie eine Anzeige und meldet neben anderen Begriffen „Isengrins Running Planet" an. Der Anzeigentext verweist auf ihre Homepage unter www.fuchslaufsport-wiesbaden.de.

Auch beim **Keyword Advertising** und bei der Verwendung von Metatags sind das Wettbewerbs- und Markenrecht zu beachten.

Beim Keyword Advertising werden vor allem bei Suchmaschinen wie Google oder Yahoo! ein oder mehrere Schlüsselwörter (AdWords) angemeldet, was dazu führt, dass rechts oben neben der regulären Trefferliste unter einer Rubrik mit der Überschrift „Anzeigen" die Werbeanzeige des Anmelders des jeweiligen Schlüsselworts erscheint.

Ob es markenrechtlich zulässig ist, ein mit einer Marke identisches Zeichen ohne Zustimmung des Markeninhabers einem Suchmaschinenbetreiber gegenüber als Schlüsselwort anzugeben war lange Zeit rechtlich umstritten. Der BGH hat aber mehrfach klargestellt, dass die Schaltung eines entsprechenden Schlüsselworts unter der Voraussetzung zulässig ist, dass

- die Anzeige in einem von der Trefferliste eindeutig getrennten und entsprechend gekennzeichneten Werbeblock erscheint und
- selbst weder das Zeichen noch sonst einen Hinweis auf den Markeninhaber oder auf die von diesem angebotenen Produkte enthält und
- der angegebene Domainname auf eine andere betriebliche Herkunft hinweist.

In unserem Beispielsfall kommt es daher darauf an, wie Frau Fuchs die Anzeige ausgestaltet hat. In der Anzeige selbst darf sich kein Hinweis auf die geschäftliche Bezeichnung des Konkurrenten aus Mainz befinden.

Metatags sind kurze Programmteile einer Webseite in deren HTML-Quellcode, die Informationen über diese Seite enthalten. Durch den Einsatz von Metatags kann der Rang der eigenen Website bei Suchmaschinen wie Google verbessert werden („Organische Suchmaschinenoptimierung").

Verwendet ein Unbefugter eine eingetragene Marke oder Kennzeichen als Metatag, so stellt dies nach der Rechtsprechung regelmäßig eine Markenrechtsverletzung dar.

Die Verwendung von Metatags kann über die markenrechtliche Problematik hinaus wettbewerbswidrig sein. Dies gilt nach teilweise in der Rechtsprechung vertretener Ansicht dann, wenn die in den Metatags genannten Begriffe in keinerlei Zusammenhang mit dem Angebot auf der Webseite stehen.

Im Zuge der fortschreitenden Modernisierung der Internetsuche verwenden die Suchmaschinen aber zunehmend „intelligente" Systeme, die weitaus mehr Daten auslesen als Metatags. Folglich hat die Bedeutung von Metatags für das Ranking in Suchmaschinen in letzter Zeit stark abgenommen.

„Gefällt mir"-Button als irreführende Werbung?

Im Rahmen einer Nutzung von Facebook gehört es mittlerweile zum digitalen Alltag, dass Nutzer durch den „Like" einer Seite auf Facebook an einem Gewinnspiel oder einer

Verlosung teilnehmen können. Doch geht das eigentlich oder sind gesetzliche Vorgaben zu beachten?

So nahm ein Verbraucherschutzverband an, die Teilnahme an einem Gewinnspiel eines Unternehmens auf Facebook durch das Betätigen des Like-Buttons stelle eine irreführende Werbung dar und verstoße somit gegen das Wettbewerbsrecht. Denn durch die Betätigung des Buttons werde anderen Nutzern von Facebook der Eindruck vermittelt, der Teilnehmer habe positive Erfahrungen mit dem jeweiligen, das Gewinnspiel veranstaltenden, Unternehmen gemacht. Das Landgericht Hamburg sah dies allerdings anders und lehnte einen Unterlassungsanspruch ab. Denn der Like-Button stelle lediglich eine unverbindliche Gefallensäußerung dar. Folglich liege kein Verstoß gegen das Wettbewerbsrecht vor. Gleichwohl zeigt der Fall, dass auch die Werbung auf Social-Media-Portalen in seiner Vielfältigkeit einer rechtlichen Prüfung zugänglich ist und stets die rechtlichen Voraussetzungen sorgsam zu beachten sind, bevor Produkte beworben werden.

Influencer Marketing

Beim Influencer Marketing machen sich Unternehmen die Reputation von reichweitenstarken Social-Media-Nutzern (Influencer) zu Nutze, um ihre Werbeziele zu erreichen. Der Influencer macht ein Produkt zum Gegenstand eines Beitrags auf seinem Social-Media-Kanal und empfiehlt es seinen Followern. Ziel des Influencer Marketings ist es, das Vertrauen der Nutzer (Follower) zum Influencer gleichsam auf das beworbene Produkt des Unternehmens zu transferieren, wobei problematisch ist, wenn der Werbecharakter dabei nicht offen zu Tage tritt. Wie genau das auch für Social Media geltende Trennungs- und Kennzeichnungsgebot für Werbung umzusetzen ist (etwa mit klarstellenden Hashtags), haben die Landesmedienanstalten in FAQ's zusammengestellt, die online unter verfügbar sind. (vgl. https://www.die-medienanstalten.de/themen/werbeaufsicht/)

Auf den Punkt gebracht

- Werbung und Information müssen eindeutig voneinander zu unterscheiden sein. Das gilt auch für Social-Media-Auftritte und für das Influencer-Marketing.
- E-Mail-Werbung stellt grundsätzlich eine unzumutbare Belästigung dar, wenn der Adressat keine vorherige ausdrückliche Einwilligung zum Erhalt der Werbung erteilt hat.
- Die Verwendung eines markenrechtlich geschützten Schlüsselbegriffs ist beim Keyword Advertising nur unter bestimmten Voraussetzungen zulässig.

Rechtsgeschäfte im Internet: Onlinekaufverträge & Co.

Verkauf über das Internet

Frau Fuchs und Herr Isengrin möchten ihre Produkte nicht nur im Ladengeschäft, sondern auch über das Internet vertreiben. Frau Fuchs meldet sich daher als Ricarda Fuchs bei eBay an. Als ersten Artikel stellt sie eine Luxuslaufjacke ein, die einen Wert von ca. 300 Euro hat. Sie möchte die Jacke versteigern, der Startpreis soll 1 Euro sein. Versehentlich schaltet sie allerdings die „Sofort-Kaufen"-Option frei. Wenige Sekunden nach Veröffentlichung des Angebots erhält sie eine Nachricht, wonach die Userin „Connyschnapp" den Artikel per Sofortkauf für 1 Euro gekauft habe.

Herr Isengrin möchte seine Webpräsenz zu einem professionellen Webshop ausbauen. Die Kunden sollen alle im Ladengeschäft erhältlichen Produkte (Laufschuhe, Laufbekleidung, Sporternährung) auch online bestellen können. Weiter möchte er Laufreisen anbieten, die jeweils einmal jährlich zur Vorbereitung auf den Gutenberg Marathon in Mainz zu einem festen Termin im Frühjahr stattfinden sollen. Angeboten wird als Paket eine Busreise, der Aufenthalt in einem Sporthotel, Verpflegung und Trainerstunden.

Internetseiten dienen häufig nicht bloß der weltweiten Außendarstellung oder als Kommunikationsplattform. Betreiber nutzen ihre Website vielfach, um Geschäfte anzubahnen, abzuschließen und abzuwickeln. So werden Waren zum Kauf oder Dienstleistungen unterschiedlicher Art (z. B. Reise- und Hotelbuchungen, Autovermietungen, Handwerksleistungen, Pizzalieferservices) online angeboten und unmittelbar im

Netz hierüber Verträge abgeschlossen, etwa per Mausklick im Internetformular oder über eine E-Mail-Adresse, die auf der Homepage angegeben ist.

Vertragsschluss im Netz

Für den Abschluss eines Vertrags im Internet gelten zunächst dieselben allgemeinen Regeln des Bürgerlichen Gesetzesbuchs (BGB), die auch für das Zustandekommen eines Vertrags außerhalb des World Wide Web maßgeblich sind. Ein Vertrag kommt danach durch übereinstimmende Willensäußerungen der Parteien zustande, d. h. durch ein Angebot und die daraufhin erklärte Annahme dieses Angebots. Das Angebot muss dabei inhaltlich so bestimmt oder nach den Umständen bestimmbar sein, dass es durch ein schlichtes „Ja" angenommen werden kann. Die Annahme eines Vertragsangebots kann im Netz etwa dadurch erfolgen, dass auf einem Internetformular der dafür vorgesehene Button („Bestätigung") angeklickt wird.

Zu beachten ist, dass grundsätzlich bereits das Angebot rechtsverbindlich ist, sodass der Vertrag zustande kommt, sobald die andere Partei sich einverstanden erklärt. Allerdings stellt nicht jedes als solches bezeichnete Angebot auch ein Angebot im Rechtssinne dar.

„Angebote" auf der Website sind in der Regel keine Angebote im rechtlichen Sinne. Vielmehr sind sie, wie eine Ausstellung in einem realen Schaufenster, als eine Aufforderung an den potenziellen Kunden anzusehen, selbst ein Angebot abzugeben. Hintergrund ist, dass Bestellungen schnell die Kapazitäten des „Anbieters" übersteigen können und dieser die Identität und die Zahlungsfähigkeit des potenziellen Kunden nicht kennt. Daher geht man grundsätzlich davon aus, dass erst der Kunde das rechtsverbindliche Angebot abgibt. Dies kann zum Beispiel dadurch geschehen, dass er auf der Website den Button „Bestellen" oder „Kaufen" anklickt oder ein Onlineformular ausfüllt und abschickt. Die Annahme erfolgt dann durch den Betreiber des Onlineshops, etwa durch Leistungserbringung, z. B. Zusenden der bestellten Ware.

Bei einem Kauf über eine Onlineauktionsplattform (z. B. eBay) kommt der Vertrag, anders als bei einer herkömmlichen (= realen, d. h. nicht virtuellen) Versteigerung, nicht durch den Zuschlag des Auktionators zustande. Entscheidend ist vielmehr der Zeitablauf der Auktion. Den „Zuschlag" erhält, wer innerhalb des vorgesehenen Zeitfensters das höchste Gebot abgibt. Einzelheiten hinsichtlich der rechtlichen Konstruktion des Zustandekommens von Verträgen auf Onlineauktionsplattformen sind zwar streitig, entscheidend ist allerdings, dass in der Rechtsfolge stets ein wirksamer Vertrag besteht.

Im Beispielsfall hat Frau Fuchs ein rechtsverbindliches Angebot abgegeben, das die Userin Connyschnapp angenommen hat. Der Sofort-kaufen-Modus bei eBay weicht von der üblichen Konstellation eines Onlineangebots ab, bei dem der Verkäufer frei bleiben möchte und bei dem der Käufer das Angebot abgibt. Dies gilt deshalb, weil der Verkäufer beim Sofort-kaufen-Modus angibt, wie viele Produkte er anzubieten hat. Diese werden jeweils nach Annahme durch einen User heruntergezählt, sodass keine Gefahr besteht, dass sich ein Verkäufer öfter als beabsichtigt bindet. Das Gesagte bedeutet nicht, dass Frau Fuchs die Jacke im Ergebnis für 1 Euro liefern muss. Sie kann ihre Erklärung mit

Hinweis darauf, dass sie sich bei Angebotserstellung geirrt hat (fälschlicherweise „Sofort kaufen" aktiviert), anfechten. Auch insoweit gelten die allgemeinen Regeln des BGB.

Preismanipulationen durch „shill bidding"

Der Begriff „shill bidding" bezeichnet die Preismanipulation einer Onlineauktion, indem der Anbieter selbst als Bietender an der Versteigerung teilnimmt und so versucht den Preis in die Höhe zu treiben. Ob derartige Praktiken zulässig sind, hat der Bundesgerichtshof im Jahre 2016 mit einem Paukenschlag entschieden: Das Gericht verneinte die Möglichkeit des Anbieters, ein wirksames Angebot abzugeben. Vielmehr sei das Höchstgebot zu dem Zeitpunkt maßgeblich, bevor der Anbieter irregulär in den Bieterwettkampf eingriff. Der Fall ist somit unter verschiedenen Gesichtspunkten brisant:

- „shill bidding" verstößt gegen die Allgemeinen Geschäftsbedingungen von ebay
- Preismanipulationen können erhebliche Schadensersatzforderungen der Bieter begründen
- auch Verträge, die scheinbar von einem Missverhältnis geprägt sind, da Gegenstände weit unter dem Verkehrswert erworben werden (z. B. Kaufpreis von 1,50 Euro für einen Wagen mit einem Verkehrswert von 17.000 Euro), sind nicht sittenwidrig, sondern rechtlich wirksam, damit bindend und müssen erfüllt werden.

Derartige Geschäftspraktiken sollten daher unbedingt unterlassen werden.

Benutzung von Online-Zahlungsdiensten

Im Rahmen von Online-Rechtsgeschäften (z. B. bei ebay) nehmen Käufer häufig Online-Zahlungsdienste (z. B. PayPal) in Anspruch. Doch auch dabei kann es zu rechtlichen Problemen kommen: Denn PayPal räumt dem Käufer zwar die Möglichkeit einer Rückerstattung des Kaufpreises ein, wenn es bei der Abwicklung des Kaufvertrages zu Schwierigkeiten kommt, etwa weil die Ware nicht der Artikelbeschreibung entspricht oder den Käufer sogar gar nicht erreicht. Dabei ist aber stets zu beachten, dass der Online-Zahlungsdienst *nicht* das letzte Wort hat. Denn Verkäufer können den Käufer trotz einer im Rahmen von PayPal erfolgten Rückerstattung des Kaufpreises auf Kaufpreiszahlung in Anspruch nehmen, weil im Falle einer Rückbuchung der Zahlung der ursprüngliche Kaufpreisanspruch des Verkäufers wieder auflebt. Dies entschied der Bundesgerichtshof mit der Begründung, dass ansonsten die Käufer übervorteilt würden. Über das tatsächliche Bestehen der Kaufpreisforderung sei vielmehr im Rahmen des gesetzlichen Mängelgewährleistungsrechts (notfalls vor Gericht) zu entscheiden.

Besondere Pflichten

Fernabsatzverträge

Stehen sich bei einem Vertragsschluss im Internet ein Verbraucher und ein Unternehmer gegenüber, so können die besonderen Vorschriften des Bürgerlichen Gesetzbuchs zum Fernabsatzrecht Anwendung finden. Den Unternehmer trifft danach vor und nach dem Abschluss des Vertrags ein ganzes

Bündel von Informationspflichten gegenüber dem Verbraucher. Der Verbraucher auf der anderen Seite ist grundsätzlich zum Widerruf berechtigt. Hintergrund der gesetzlichen Regelung ist, dass bei einem Distanzgeschäft (Fernabsatz) die Vertragsparteien und der Vertragsgegenstand in der Regel nicht körperlich präsent sind. Das birgt besondere Risiken für den Verbraucher.

Verbraucher – Unternehmer

Verbraucher ist jede Person, die ein Rechtsgeschäft überwiegend zu einem nicht gewerblichen oder beruflichen Zweck abschließt. Verbraucher kann nur eine natürliche Person sein, also nicht etwa eine Handelsgesellschaft (z. B. GmbH), eine (sonstige) Personengesellschaft oder ein Verein. Entscheidend für die Verbrauchereigenschaft ist der bei Vertragsschluss verfolgte **Geschäftszweck.**

Unternehmer ist jede natürliche oder juristische Person (z. B. GmbH, Aktiengesellschaft, eingetragener Verein) oder rechtsfähige Personengesellschaft, die ein Rechtsgeschäft in Ausübung ihrer gewerblichen oder selbstständigen beruflichen Tätigkeit abschließt. Ausreichend ist, dass das Rechtsgeschäft „in irgendeinem Zusammenhang" mit der gewerblichen oder beruflichen Tätigkeit steht.

Dabei ist immer zu beachten, dass die Unternehmereigenschaft immer nur dann vorliegt, wenn die Person *gerade* in Ausübung ihrer gewerblichen oder selbstständigen beruflichen Tätigkeit handelt. So ist etwa ein Arzt zwar Unternehmer, wenn er Geräte für seine Praxis oder Arzneimittel erwirbt. Etwas anderes gilt jedoch, wenn er ausschließlich privat Spielsachen für seine Kinder einkauft. Dann handelt er in seiner Eigenschaft als Verbraucher.

Frau Fuchs und eBay

Frau Fuchs handelt auf eBay als Unternehmerin. Das gilt auch, wenn sie einen privaten Account angelegt und die Auktion „privat" durchgeführt hat. Frau Fuchs kann sich nicht durch einseitige Erklärung „Privatverkauf" von ihren Informationspflichten freizeichnen. Frau Fuchs hat im Übrigen dadurch, dass sie ihr Angebot nicht als gewerblich eingestuft hat, gegen die eBay-AGB und eBay-Grundsätze verstoßen.

Fernabsatz

Die besonderen Vorschriften gelten nur bei Fernabsatzverträgen. Ein Fernabsatzvertrag ist ein Vertrag, der die Lieferung von Waren (z. B. Kaufvertrag) oder die Erbringung von Diensten (z. B. Reparaturauftrag, Transportvertrag) zum Gegenstand hat. Für die Vertragsverhandlungen und beim Vertragsschluss müssen der Verbraucher und der Unternehmer ausschließlich Fernkommunikationsmittel verwenden. Das sind Mittel der Kommunikation, die zur Anbahnung oder zum Abschluss eines Vertrags eingesetzt werden können, ohne dass die Vertragsparteien gleichzeitig körperlich anwesend sind. Dazu gehören etwa E-Mails, Faxe oder Websites. Ein Fernabsatzvertrag setzt demnach voraus, dass weder bei Vertragsschluss noch im Rahmen einer vorangehenden Vertragsverhandlung oder Beratung ein direkter persönlicher Kontakt zwischen dem Verbraucher und dem Unternehmer stattgefunden hat. Auch in diesem Fall liegt aber kein Fernabsatzvertrag vor, wenn der Vertrag außerhalb eines

Vertriebs- oder Dienstleistungssystems zustande kommt, das speziell für den Fernabsatz organisiert ist. An einem Fernabsatzvertrag fehlt es deshalb, wenn der Vertrag eher zufällig und nur ausnahmsweise auf fernkommunikativen Wegen abgeschlossen wird.

Die Vorschriften über den Fernabsatzverkehr finden ausnahmsweise trotz Verwendung von Fernkommunikationsmitteln unter anderem keine Anwendung auf

- Versicherungsverträge (hier gelten die spezielleren Vorgaben des Versicherungsvertragsgesetzes),
- Verträge über die Lieferung von Lebensmitteln, Getränken oder sonstigen Haushaltsgegenständen des täglichen Bedarfs im Rahmen häufiger und regelmäßiger Fahrten und
- Verträge über die Erbringung von Dienstleistungen aus den Bereichen des Tourismus und der Freizeitgestaltung.

Isengrins differenziertes Angebot

Beim geplanten Webshop von Herrn Isengrin muss man unterscheiden: Für die angebotenen Waren gelten die Bestimmungen des Fernabsatzrechts. Die Laufreise ist dagegen ein Vertrag über eine Dienstleistung im Bereich der Freizeitgestaltung. Für diesen Vertrag gelten die Vorschriften des Fernabsatzes ausnahmsweise nicht.

Pflichten des Unternehmers

Im Wesentlichen hat der Unternehmer dem Verbraucher die folgenden Informationen zur Verfügung zu stellen:

- seine Identität und gegebenenfalls das öffentliche Unternehmensregister, bei dem das Unternehmen eingetragen ist, und die zugehörige Registernummer oder gleichwertige Kennung
- die Hauptgeschäftstätigkeit des Unternehmens
- die Identität eines Vertreters des Unternehmers
- die ladungsfähige Anschrift des Unternehmers und jede andere Anschrift, die für die Geschäftsbeziehung zum Verbraucher maßgeblich ist
- die wesentlichen Merkmale der Ware oder Dienstleistung sowie Informationen darüber, wie der Vertrag zustande kommt
- die Mindestlaufzeit des Vertrags, wenn dieser eine dauernde oder regelmäßig wiederkehrende Leistung zum Inhalt hat
- einen Vorbehalt, eine in Qualität und Preis gleichwertige Leistung (Ware oder Dienstleistung) zu erbringen
- einen Vorbehalt, die versprochene Leistung nicht zu erbringen, wenn sie nicht verfügbar ist
- den Gesamtpreis der Ware oder Dienstleistung einschließlich aller damit verbundenen Preisbestandteile sowie alle über den Unternehmer abgeführten Steuern oder, wenn kein genauer Preis angegeben werden kann, seine Berechnungsgrundlage, die dem Verbraucher eine Überprüfung des Preises ermöglicht
- gegebenenfalls zusätzlich anfallende Liefer- und Versandkosten sowie einen Hinweis auf mögliche weitere Steuern

oder Kosten, die nicht über den Unternehmer abgeführt oder von ihm in Rechnung gestellt werden

- die Einzelheiten hinsichtlich der Zahlung und der Lieferung oder Erfüllung
- das Bestehen oder Nichtbestehen eines Widerrufsrechts sowie die Bedingungen und die Modalitäten der Rechtsausübung und die Rechtsfolgen, die eintreten, wenn der Verbraucher widerruft
- alle spezifischen zusätzlichen Kosten, die der Verbraucher für die Benutzung des Fernkommunikationsmittels zu tragen hat, wenn solche zusätzlichen Kosten durch den Unternehmer in Rechnung gestellt werden
- eine Befristung der Gültigkeitsdauer der zur Verfügung gestellten Informationen, beispielsweise die Gültigkeitsdauer befristeter Angebote, insbesondere hinsichtlich des Preises

Diese Informationen sind dem Verbraucher klar und verständlich zur Verfügung zu stellen, so dass er sie rechtzeitig vor Abgabe seiner Erklärung zum Vertrag erhält. An eine bestimmte Form der Mitteilung (z. B. Schriftform) ist der Unternehmer dabei nicht gebunden. Er kann die Informationen also auch per E-Mail, aber auch nur mündlich mitteilen. Allerdings muss der Unternehmer den Verbraucher in einer Art und Weise unterrichten, die dem eingesetzten Fernkommunikationsmittel entspricht. Außerdem muss er den Verbraucher klar und verständlich und unter Angabe seines geschäftlichen Zwecks informieren.

Darüber hinaus ist der Unternehmer bei einem Vertrag über eine Dienstleistung (außer Finanzdienstleistungen) oder über eine Warenlieferung grundsätzlich dazu verpflichtet, alsbald nach dem Vertragsschluss – spätestens bis zur vollständigen Vertragserfüllung bzw. Warenlieferung – dem Verbraucher diese Informationen in Textform zukommen zu lassen. In dieser Form muss er dem Verbraucher zusätzlich mitteilen:

- die Vertragsbestimmungen einschließlich der Allgemeinen Geschäftsbedingungen
- ein vertragliches Kündigungsrecht bei Verträgen, die ein Dauerschuldverhältnis betreffen (z. B. Miete) und für eine längere Zeit als ein Jahr oder für unbestimmte Zeit geschlossen sind
- Informationen über Kundendienste und geltende Gewährleistungs- und Garantiebedingungen

Der Unternehmer kommt seiner Verpflichtung, den Verbraucher in Textform zu unterrichten, nach, wenn er ihm die Angaben papierschriftlich, per E-Mail, Telefax oder auf einem elektronischen Datenträger (z. B. CD-Rom) übermittelt. Die schlichte Darstellung der Informationen auf der Website des Unternehmers genügt dagegen nicht. Das gilt auch dann, wenn sie dort heruntergeladen werden können.

Widerrufsbelehrung

Der Unternehmer muss den Verbraucher aufklären, ob ein Recht zum Widerruf besteht oder nicht. Nach Abschluss des Vertrags muss er dem Verbraucher diese Information in Textform (z. B. Brief, Fax oder E-Mail) zukommen lassen (siehe oben). Für den Fall, dass der Verbraucher zum Widerruf berechtigt ist, ist der Unternehmer verpflichtet, ihn hierüber näher zu belehren. Die Widerrufsbelehrung muss klar gestaltet sein und dem Verbraucher seine wesentlichen Rechte deutlich machen.

Die Widerrufsbelehrung muss u. a. Folgendes enthalten:

- einen Hinweis auf das Recht des Verbrauchers zum Widerruf,
- einen Hinweis darauf, dass der Widerruf nicht begründet werden muss und in Textform innerhalb der Widerrufsfrist erklärt werden kann,
- den Namen und die (ladungsfähige) Anschrift desjenigen, gegenüber dem der Widerruf zu erklären ist,
- einen Hinweis auf die Dauer und den Beginn der Widerrufsfrist,
- einen Hinweis darauf, dass zur Wahrung der Frist genügt, die Widerrufserklärung oder die Sache rechtzeitig abzusenden, sowie
- einen Hinweis auf die Rechtsfolgen des Widerrufs.

Wenn sich der Unternehmer daran hält und dem Verbraucher eine entsprechende Belehrung in Textform übermittelt, so erfüllt er ohne Weiteres seine Belehrungspflicht.

Frau Fuchs kommt ihren Pflichten nicht nach

Frau Fuchs ist beim Einstellen der Laufjacke auf dem Verkaufsportal eBay weder ihren Informationspflichten nachgekommen, noch hat sie über die Widerrufsmöglichkeit belehrt. Dies kann nicht nur zur unendlichen Widerrufsfrist zugunsten der Verbraucher führen, sondern sie kann darüber hinaus auch von Mitbewerbern und Verbänden abgemahnt werden.

Elektronischer Geschäftsverkehr

Besondere (technische) Gestaltungs- sowie Informations- und Mitteilungspflichten bestehen grundsätzlich dann, wenn ein Unternehmer elektronische Kommunikationsmittel einsetzt, um einen Vertrag über die Lieferung von Waren oder die Erbringung von Dienstleistungen abzuschließen. Das ist beispielsweise der Fall, wenn der Kunde mithilfe eines entsprechenden Formulars auf der Website des Unternehmers Produkte oder Dienste bestellen kann. Hintergrund der gesetzlichen Regelung ist, dass die Wahl elektronischer Medien zum Vertragsschluss besonders gefährlich sein kann. Bei einem Vertrag im elektronischen Geschäftsverkehr muss der Unternehmer dem Kunden

- angemessene, wirksame und zugängliche technische Mittel zur Verfügung stellen, mit deren Hilfe der Kunde Eingabefehler vor Abgabe seiner Bestellung erkennen und berichtigen kann,
- den Zugang der Bestellung unverzüglich auf elektronischem Wege bestätigen,
- die Möglichkeit verschaffen, die Vertragsbestimmungen einschließlich der allgemeinen Geschäftsbedingungen (AGB) bei Vertragsschluss abzurufen und in einer wiedergabefähigen Form zu speichern, und
- die folgenden weiteren Informationen rechtzeitig vor der Bestellung klar und verständlich mitteilen. Zu unterrichten ist
  - über die einzelnen technischen Schritte, die zu einem Vertragsschluss führen,

- darüber, ob der Text des Vertrags nach dem Vertragsschluss vom Unternehmer gespeichert wird und ob er dem Kunden zugänglich ist,
- darüber, wie er mit den technischen Mitteln Eingabefehler vor Abgabe seiner Vertragserklärung erkennen und berichtigen kann,
- über die Sprachen, die für den Abschluss des Vertrags zur Verfügung stehen, und
- über Verhaltenskodizes, denen sich der Unternehmer unterwirft, sowie über die Möglichkeit eines elektronischen Zugangs zu diesen Regelwerken.

Handelt es sich bei dem Kunden des Unternehmers um einen Verbraucher, so werden diese Pflichten noch zusätzlich durch die Unternehmerpflichten nach dem Fernabsatzrecht ergänzt (siehe oben S. 109).

Beschreibung des Produkts

Da der Kunde bei einem Kauf im Internet die Ware zuvor nicht eingehend prüfen kann, ist er auf eine genaue Darstellung des Produkts angewiesen. Der Artikel sollte daher so detailliert wie möglich mit allen wesentlichen Angaben beschrieben und nach Möglichkeit auch abgebildet werden, sodass – je nach Art der Ware – z. B. Größe, Gewicht, Farbe, Funktion und Funktionsweise kenntlich sind. Eine Orientierungshilfe für die Produktbeschreibung bieten die Angaben in einem Handbuch oder auf der Verpackung. Zusätzlich können für bestimmte Warengruppen gesetzliche Sonderbestimmungen Anwendung finden. Deshalb sollte man sich vorab informieren, welche Waren einer besonderen

Kennzeichnung unterliegen. Besondere Vorschriften gelten z. B. für die folgenden Warengruppen:

- Textilien (früher Textilkennzeichnungsgesetz, seit dem 8. Mai 2012 gilt die Europäische Textilkennzeichnungsverordnung)
- Schmuck und Uhren (Bedarfsgegenständeverordnung)
- Schuhe (Europäische Schuhkennzeichnung nach Anlage 11 der Bedarfsgegenständeverordnung)
- Lebensmittel (Lebensmittelinformationsverordnung, Mess- und Eichgesetz)
- Medikamente (Vorschriften des Arzneimittelgesetzes)
- Kosmetikprodukte (Verordnung über kosmetische Mittel)
- Haushaltsgeräte (Energiekennzeichnungsverordnung)

Produktbeschreibung in Herrn Isengrins Webshop

Für die Produkte, die Herr Isengrin über seinen Webshop vertreiben will, gelten besondere Vorgaben, denen er bei Beschreibung der Produkte nachkommen muss. Bei der Laufbekleidung muss nach der Textilkennzeichnungsverordnung z. B. angegeben werden, dass ein Shirt aus 100 % Baumwolle besteht. Nach der sogenannten Bedarfsgegenständeverordnung (BedGgstV) muss in jeder Artikelbeschreibung angegeben werden, aus welchen Materialien ein Schuhartikel (Obermaterial, Futter und Sohle) besteht. Bei der Sportlernahrung handelt es sich um Lebensmittel, auch insoweit bedarf es zusätzlicher Angaben.

Preisauszeichnungen

Wer Endverbrauchern gewerbs- oder geschäftsmäßig oder regelmäßig in anderer Weise Waren oder Leistungen anbietet, muss seine Preise grundsätzlich nach der sog. Preisangabenverordnung (PAngV) auszeichnen. Dasselbe gilt für Personen, die als Anbieter von Waren oder Leistungen gegenüber Endverbrauchern unter Angabe von Preisen werben. Nach der Preisangabenverordnung müssen die Preise als Endpreise angegeben werden und insbesondere alle Preisbestandteile wie Mehrwertsteuer enthalten. Bei einem Fernabsatzvertrag (s. S. 107 ff.) ist auch anzugeben, dass die verlangten Preise die Mehrwertsteuer und sonstige Preisbestandteile enthalten. Zudem muss mitgeteilt werden, ob zusätzlich Liefer- und Versandkosten anfallen. Wenn dem so ist, ist – soweit im Vorhinein möglich – deren Höhe anzugeben. Andernfalls sind die Grundlagen der Berechnung im Einzelnen aufzuführen, damit der Endverbraucher die Liefer- und Versandkosten leicht ausrechnen kann. Soweit es üblich ist, können bei Leistungen statt der Angabe der Endpreise Stunden-, Kilometer- und andere Verrechnungssätze (unter Einbeziehung von Materialkosten) angegeben werden.

Damit der Kunde Angebote besser miteinander vergleichen kann, ist für bestimmte Artikel neben dem Endpreis auch die Angabe des sog. Grundpreises notwendig, d. h. des Preises je Mengeneinheit einschließlich der Umsatzsteuer und sonstiger Preisbestandteile. Hiervon betroffen sind Waren, die in Fertigpackungen, offenen Packungen oder als Verkaufseinheiten ohne Umhüllung nach Gewicht, Volumen, Länge oder Fläche angeboten werden.

Nach der Preisangabenverordnung müssen die Angaben stets dem Angebot oder der Werbung eindeutig zuzuordnen sowie leicht erkennbar und deutlich lesbar oder sonst gut wahrnehmbar sein.

Und noch mehr Pflichten

Die Dienstleistungsinformationspflichtenverordnung (DL-InfoV) betrifft in Deutschland ansässige Personen oder Unternehmen, die Dienstleistungen erbringen. Sie unterscheidet Informationen, die „stets zur Verfügung zu stellen" sind, und Informationen, die „auf Anfrage zur Verfügung zu stellen" sind. Weiter finden sich Vorgaben zu Informationen zur Preisgestaltung. Einige der in der DL-InfoV geregelten Informationspflichten sind deckungsgleich mit den Verpflichtungen nach § 5 TMG und der Preisangabenverordnung. Der Anwendungsbereich der DL-InfoV geht aber weiter: So gelten die dort geregelten Vorgaben zu Preisangaben nicht nur für das Verhältnis Unternehmer/Verbraucher, sondern auch zwischen Unternehmern.

Die Vorschriften, die Frau Fuchs und Herr Isengrin beachten müssen, wenn sie ihre Produkte auch über das Internet vertreiben wollen, sind also so umfangreich, dass sie lieber einen Anwalt zur Beratung heranziehen sollten.

Auf den Punkt gebracht

Möchte ein Unternehmer einen Webshop betreiben und richtet sich dieser an Verbraucher, muss er zahlreiche Vorschriften beachten:

- Informationspflichten nach dem BGB zu Fernabsatz (insbesondere Widerrufsbelehrung) und elektronischem Geschäftsverkehr
- Informationspflichten für Dienstleistungserbringer gemäß DL-InfoV
- Informationspflichten gemäß § 5 TMG (Impressum) sowie gegebenenfalls § 55 RStV
- besondere Informationspflichten für spezielle Produktgruppen, z. B. gemäß Energieverbrauchskennzeichnungsverordnung (EnVKV), Textilkennzeichnungsverordnung
- Auch die technische und visuelle Gestaltung eines Angebots (Korrekturmöglichkeit, Empfangsbestätigung) muss den Vorschriften über den elektronischen Geschäftsverkehr entsprechen.
- Für Preisangaben gilt die PAngV.
- Allgemeine Geschäftsbedingungen sind nach Maßgabe der §§ 305 ff. BGB zu verwenden.
- Die datenschutzrechtlichen Vorgaben des TMG und zukünftig der DS-GVO sind zu beachten.

Post vom Rechtsanwalt

Ansprüche berechtigt oder nicht?

Unter den Gegenständen, die Herr Bosch auf seiner Website anbietet, ist auch ein gebrauchtes Designer-Sofa. Dieses hat er in der Artikelbeschreibung als Produkt der Marke „Bretz" beschrieben. Außerdem hat er selbst angefertigte Aufnahmen von dem Sofa eingestellt. Das Stück sieht auch aus wie ein Stück aus der Reihe des Designermöbelherstellers „Bretz". Nach ein paar Tagen erhält Herr Bosch ein Schreiben von einem Anwalt, der das Unternehmen „Bretz" vertritt. Dieser behauptet, bei dem von Herrn Bosch angebotenen Sofa handle es sich um eine Fälschung. Er fordert Herrn Bosch daher auf, das Angebot von seiner Seite zu entfernen. Außerdem soll Herr Bosch eine vorformulierte, strafbewehrte Unterlassungserklärung unterzeichnen. Das Unternehmen „Bretz" will außerdem Schadensersatz und Erstattung der Anwaltskosten von Herrn Bosch. Was sollte Herr Bosch unternehmen?

Was ist eine Abmahnung?

Eine Abmahnung ist die formale Aufforderung einer Person an eine andere, eine Handlung künftig vorzunehmen oder zu unterlassen. Mit anderen Worten ist jemand mit einem bestimmten Verhalten nicht einverstanden und möchte sichergehen, dass dies in Zukunft unterbleibt.

Statt sofort einen Rechtsstreit „vom Zaun zu brechen", möchte der Abmahnende dem Abgemahnten somit eine Möglichkeit unterbreiten, die Angelegenheit kostengünstig und kurzfristig außergerichtlich zu klären. In der Praxis wird eine Vielzahl von Fällen nach einer Abmahnung außergerichtlich beigelegt. Erfolgt eine Abmahnung zu Unrecht, weil das vorgeworfene Verhalten nicht zutrifft oder rechtlich zulässig ist, stellt sich die Frage, wie der Abgemahnte reagieren soll.

Welcher Inhalt ist zwingend?

Um dem Zweck der Vermeidung eines gerichtlichen Verfahrens zu genügen, muss eine Abmahnung zunächst bestimmte formelle Vorgaben erfüllen:

- Benennung des Schuldners: Eine Abmahnung ist nur gegenüber der Person wirksam, gegen die sie sich richtet. Entsprechend muss diese Person auch eindeutig benannt werden. Bei mehreren Schuldnern muss die Abmahnung grundsätzlich allen betroffenen Personen zugehen.
- Anspruchsberechtigung: Zur Abmahnung berechtigt ist nur derjenige, dem ein Anspruch zusteht. Bei Wettbewerbsverletzungen sind dies nur Mitbewerber oder Verbraucherverbände, bei der Verletzung von Urheberrechten nur der Urheber oder Rechteinhaber. Hierzu sind Angaben in der Abmahnung zu machen, sofern sich die Anspruchsberechtigung nicht eindeutig aus den Umständen ergibt.
- Konkrete Beschreibung des Verstoßes: Der Sachverhalt ist so ausführlich zu schildern, wie es für die Begründung des geltend gemachten Anspruchs notwendig ist. Der Rechtsverstoß und die Forderung müssen aus der Beschreibung deutlich werden. Der Schuldner muss anhand der Beschreibung ordnungsgemäß reagieren können.

- Aufforderung zur Abgabe einer strafbewehrten Unterlassungsverpflichtungserklärung: Der Abgemahnte wird unter Fristsetzung aufgefordert, eine Unterlassungserklärung abzugeben, die für den Fall der Nichtbefolgung eine Vertragsstrafe vorsieht. Dabei muss die Frist den Umständen entsprechend angemessen sein. Falls die bemessene Frist zu kurz ist, so wird die Abmahnung dadurch allerdings nicht unwirksam. An die Stelle der zu kurzen Frist tritt vielmehr eine angemessene Frist.

Eine Abmahnung ist grundsätzlich an keine Form gebunden. Sie kann also sowohl schriftlich als auch per E-Mail, Fax oder mündlich erklärt werden. Im Hinblick auf eine spätere Beweisbarkeit ist allerdings dringend zu einer schriftlichen Abmahnung zu raten.

Was ist eine Unterlassungserklärung?

Rechtsgrundlage für die Abmahnung und die Aufforderung zur Abgabe einer strafbewehrten Unterlassungserklärung ist die Geltendmachung eines Unterlassungs- oder Beseitigungsanspruchs.

Mit der Unterlassungserklärung erklärt der Abgemahnte verbindlich, dass er das abgemahnte Verhalten einstellen und in Zukunft unterlassen wird. Andernfalls ist er zur Zahlung der Vertragsstrafe verpflichtet. So soll verhindert werden, dass der Abgemahnte sein Verhalten wiederholt.

In der Regel wird die Unterlassungserklärung vom Abmahnenden vorformuliert. Besteht ein Anspruch, hat der Abgemahnte eine solche Erklärung zwar abzugeben, er ist dabei aber nicht an die Vorformulierung gebunden, die oftmals weitergehend ist, als zwingend notwendig.

Wann sollte man eine Unterlassungserklärung abgeben?

Zu den Anspruchsvoraussetzungen für die Geltendmachung eines Unterlassungs- oder Beseitigungsanspruchs gehört nicht das Verschulden. Das bedeutet, der Anspruch ist selbst dann gegeben, wenn der Abgemahnte den Verstoß nicht absichtlich oder bewusst begangen hat. Es ist vielmehr ausreichend, wenn der rechtswidrige Zustand nach objektiver Beurteilung besteht.

Es genügt jedoch nicht, wenn der rechtswidrige Zustand bloß beseitigt wird. Vielmehr soll durch die Aufforderung zur Abgabe der Unterlassungserklärung das rechtswidrige Verhalten auch für die Zukunft unterbunden werden.

Eine solche Wiederholungsgefahr kann nur durch die Abgabe einer Unterlassungserklärung und nicht allein durch die Aufgabe des rechtswidrigen Verhaltens beseitigt werden.

Was ist zwingender Inhalt?

Höhe der Vertragsstrafe

Die Unterlassungserklärung muss mit einer angemessenen Vertragsstrafe versehen sein. Die Vertragsstrafe muss geeignet sein, den Abgemahnten zukünftig von gleichartigen Verstößen abzuhalten. Darüber hinaus hat die Vertragsstrafe die Funktion eines pauschalierten Schadensersatzes. Ihre Höhe orientiert sich daher immer an der Art und Bedeutung der

Verletzungshandlung, insbesondere welche Auswirkungen der Verstoß auf die Geschäfte des Abmahnenden hat.

Angemessene Frist

Die Frist zur Abgabe der Unterlassungserklärung muss angemessen sein. Dies ist jeweils nach Einzelfall im Hinblick auf die Interessen der Beteiligten und deren Dringlichkeit zu bestimmen. Bei besonderer Dringlichkeit können ausnahmsweise auch nur wenige Stunden angemessen sein, in der Regel wird man aber von einer angemessen Frist von ein bis zwei Wochen ausgehen dürfen. Im Falle einer zu kurz bemessenen Frist gilt auch hier das im Rahmen des Kapitels zur Abmahnung Gesagte entsprechend.

Rechtsfolgen von Abmahnung und Unterlassungserklärung

Rechtsfolgen der berechtigten Abmahnung

Ist die Abmahnung berechtigt, entsteht zwischen Abmahnendem und Abgemahntem ein Rechtsverhältnis, aus dem sich gewisse Pflichten ergeben, insbesondere eine Antwort- und Aufklärungspflicht des Abgemahnten. War die Abmahnung berechtigt, so kann der Abmahnende auch Ersatz der erforderlichen Aufwendungen verlangen, z. B. die angefallenen Rechtsanwaltskosten.

Rechtsfolgen der unberechtigten Abmahnung

Bei einer unberechtigten Abmahnung entsteht das vorbezeichnete Rechtsverhältnis nicht. Folglich bestehen auch weder Antwort- und Aufklärungspflichten noch hat der Abmahnende einen Anspruch auf Erstattung der Abmahnkosten. In der Rechtsprechung wird dem zu Unrecht Abgemahnten wegen der unberechtigten Abmahnung ein Schadensersatzanspruch zugesprochen. Ersatzfähig sind dann insbesondere die Anwaltskosten, die durch die Verteidigung gegen die unberechtigte Abmahnung entstanden sind.

Der zu Unrecht Abgemahnte kann außerdem vom Gericht feststellen lassen, dass ein Anspruch des Abmahnenden nicht besteht (negative Feststellungsklage).

Rechtsfolgen der Abgabe einer Unterlassungserklärung

Durch die Abgabe der Unterlassungserklärung wird die Wiederholungsgefahr beseitigt. Ein gleichartiger Verstoß begründet keinen neuen Unterlassungsanspruch und kann nicht erneut abgemahnt werden. Vielmehr kann der Abmahnende bei Fortsetzung des abgemahnten Verhaltens die Vertragsstrafe geltend machen.

Im Beispielsfall sollte Herr Bosch die anwaltliche Abmahnung keinesfalls auf die leichte Schulter nehmen, und zwar unabhängig davon, ob sie berechtigt ist oder nicht.

Grundsätzlich ist es Sache des Abgemahnten, eine Unterlassungserklärung zu formulieren und abzugeben. Eine vorformulierte Erklärung kann, muss aber nicht angenommen werden. Ist die vorformulierte Erklärung überzogen, kann sie modifiziert werden.

Auf den Punkt gebracht

- Eine Abmahnung ist ein außergerichtlicher Hinweis an den Abgemahnten, dass nach Ansicht des Abmahnenden ein rechtswidriges Verhalten vorliegt oder droht.
- Um das Ziel der Abmahnung (Vermeidung eines Rechtsstreits) zu erreichen, fordert der Abmahnende vom Abgemahnten die Abgabe einer Unterlassungserklärung, die mit einer Vertragsstrafe versehen ist.
- Ob die Abmahnung berechtigt ist und die vorformulierte Unterlassungserklärung nicht mehr verlangt als geschuldet, sollte man anwaltlich überprüfen lassen.

Die Autoren

Dr. iur. habil. Rolf Schwartmann ist seit 2004 Professor für Bürgerliches Recht und Wirtschaftsrecht, insbesondere für öffentliches und internationales Wirtschaftsrecht, an der TH Köln. Er ist Leiter der Kölner Forschungsstelle für Medienrecht und Vorsitzender der Gesellschaft für Datenschutz und Datensicherheit (GDD) e.V.

Dr. iur. Tobias O. Keber ist seit 2014 Professor für Medienrecht und Medienpolitik in der Digitalen Gesellschaft an der Hochschule der Medien Stuttgart. Er leitet dort das Institut für Digitale Ethik.

Robin Mühlenbeck ist seit 2017 wissenschaftlicher Mitarbeiter sowie Doktorand an der Kölner Forschungsstelle für Medienrecht an der TH Köln und befasst sich dort vorrangig mit urheber- und datenschutzrechtlichen Fragestellungen.

Impressum:
Verlag C. H. Beck im Internet: www.beck.de
ISBN: 978-3-406-71954-7

Wilhelmstraße 9, 80801 München
Satz: Fotosatz Buck, 84036 Kumhausen
Druck und Bindung: Beltz Bad Langensalza GmbH
Am Fliegerhorst 8, 99947 Bad Langensalza
Umschlaggestaltung: Ralph Zimmermann – Bureau Parapluie
Umschlagbild: Multirealism – depositphotos.com
Gedruckt auf säurefreiem, alterungsbeständigem Papier
(hergestellt aus chlorfrei gebleichtem Zellstoff)